U0124590

中国制造2025思维

从两化融合到互联网+工业

王喜文◎著

MADE IN CHINA 2025
THINKING MODE

机械工业出版社
CHINA MACHINE PRESS

《中国制造2025》为建设制造强国指明了方向，其行动路线图是九项战略任务和五项重点工程，其核心思维和重要支撑是"互联网＋工业"。本书从产业经济的视角出发，梳理了世界范围内互联网＋工业的大势所趋和明日愿景，并就"互联网＋工业"将给未来中国制造业带来的四项改变，结合《中国制造2025》的行动路线图逐一进行深入解析。

图书在版编目（CIP）数据

中国制造2025思维：从两化融合到互联网＋工业/
王喜文著. —北京：机械工业出版社，2016.8（2021.1重印）
ISBN 978－7－111－54738－9

Ⅰ.①中… Ⅱ.①王… Ⅲ.①制造工业-工业发展-
研究-中国 Ⅳ.①F426.4

中国版本图书馆CIP数据核字（2016）第209114号

机械工业出版社（北京市百万庄大街22号 邮政编码100037）
策划编辑：坚喜斌 责任编辑：何 洋 杨 冰 刘树澍
责任校对：赵 蕊 版式设计：张文贵
北京圣夫亚美印刷有限公司印刷
2021年1月第1版·第2次印刷
145mm×210mm·5.75印张·3插页·82千字
标准书号：ISBN 978－7－111－54738－9
定价：45.00元

作者简介

王喜文，知名产业研究专家，有着跨学科、跨领域的学习工作经历。日语本科、计算机软件工程硕士、工学博士、科技情报学博士后，1998 年 8 月参加工作，曾在北京第一机床厂工作 2 年，后为日本开发 10 年计算机软件。

2009 年 8 月进入工业和信息化部国际经济技术合作中心，历任信息部副主任、主任、电子商务研究所所长、工业 4.0 研究所所长。其中，2011 年 7 月至 2012 年 7 月曾挂职北京市房山区经济和信息化委员会副主任，参与过北京市高端制造业基地的重大项目；2014 年 10 月曾在中国浦东干部学院参加由中央统战部组织的民主党派干部培训班。

同时，王喜文博士是九三学社中央科技委委员，九三学社北京房山区工委副主任，北京"百人党外专家团"成员。

推荐序1　做时代的人与事

　　王喜文老师是我的好朋友。我也读过他写的多本关于"工业 4.0"与"中国制造 2025"方面的书，受益匪浅。从中可以了解全球工业发展的脉络与趋势，存在的机遇和将会面对的挑战，更多地引发对于现在及未来的中国制造业及制造业企业的思考：产业变革时期，企业如何抓住这个十年到三十年的关键发展期？

　　相信许多人都在切身经历着日新月异的变化，体会着新一代信息技术带来的便利。新一代信息技术与制造业的深度融合给生活带来了看得见摸得着的影响，更加坚定了人们对于新一代信息技术会给工业带来更加深远之变革的信念。亲眼见证深圳、上海、江浙等地的客户向着智能制造迈进的实践过程，让我们深刻地感受着时代的变迁。

　　中国有句古话"三十年河东，三十年河西"，回望从 1978 年到 2008 年间的 30 年时间，中国发生了巨变。

再往前看看 1948 年到 1978 年间中国发生的变化，再追溯从 1918 年到 1948 年间中国发生的变化，我们很难想象从 2008 年开始到 2038 年中国将会发生什么样的变化。

2008 年之后，各个国家都开始思索本国可持续的国际竞争力与经济可持续发展。在世界工业体系分工中处于不同位置的国家比以往任何时候都更加重视工业对国家竞争力的影响。从改革开放开始，我国用 30 余年的时间，缩短了与世界先进产业水平间的差距。下一步，如何在新的一轮产业竞争中继续加快步伐？我们拭目以待。

每一个企业家，每一个人都在思考未来的发展及愿景的规划。如何识变、应变，如何争取战略上的主动、抓住发展机遇，引领这个时代，是我们不可逃避的思考与必须面对的抉择。总结个人在推动"工业 4.0"生态建设方面的体会，相信会对大家有所帮助。再结合王喜文老师的精彩论述，必将为企业在新时代的创新、创业、转型、升级提供启迪。

概括来讲，有这样几个方面：顺势、借势、明道、优术、践行。

顺势。面对全球产业竞争格局的变化，发达国家借助新一代信息技术与传统制造业的融合，正在构建新的低成本（非劳动力）竞争优势。这种优势将有可能帮助他们形成金融与实体相结合的新型竞争力。届时，将不再采用今天全球产业分工的模式。其结果是发达国家将实现自给自足，同时其更加优质、更加低价的产品将会反向冲击发展中国家的市场。面对这种变化，"中国制造2025"结合中国国情，顺应国际产业分工与产业发展模式，描绘了中国制造业未来10年的发展蓝图。通过对标国际先进水平，寻找国内短板，快速完善国内新工业体系成为非常关键的一个环节。在中国融入国际产业分工的同时，必须加强自主工业体系的闭环发展。特别是面对新信息技术给传统产业带来的冲击，两化深度融合将是未来成功的基础。

借势。借助新一代信息技术，融合产业发展需求。顺应时势的发展过程，一方面要借助新一代信息技术，另一方面要通过新一代信息技术与传统产业的融合，构建新的产业生态与模式。"中国制造2025"是国际产业竞争的必然趋势，也是中国工业从大到强的必然发展路径。

明道。任何产业的发展都有其自身规律，《中国制造 2025》是未来产业的蓝图，将指导中国企业进行转型升级，按照产业趋势发展全新的产业生态，并改变制造业产业的运行模式。一方面，不断与服务互联网进行融合，实现企业对客户端到端的服务，让用户比以往任何时候更加体会到服务的乐趣；另一方面，由于物联网的普及，面对过去很难解决的品质问题、诚信问题将有新的解决方法与路径，产品、服务、企业以及商业模式的定义都将发生变化。由此将催生平台经济、共享经济，这些变化今天已经在消费领域中发生，也必将在工业领域中快速渗透。比如说，增材制造技术的日益成熟与普及，让人们开始突破过去"规模制造"的思维模式。技术的进步，将使得新工艺、新装备纷纷涌现；而在与新一代信息技术深入融合的过程中，制造业的产业模式与商业模式都有可能发生根本性的变化，人们将获得真实的、更有价值的服务。就像第一次工业革命不是用蒸汽机去改造马车，而是彻底改变运输的方式一样，对"标"与"本"进行明确区分，将让传统产业在转型升级过程中更具有创新思维，更容易见效。

优术。工欲善其事，必先利其器。要抓住实现这一轮产业发展的重大机遇，就需要了解与掌握这个时代必须具备的基本技能。对于新一代信息技术的掌握，将成为驾驭这一轮产业机遇的关键。通过学习《中国制造2025》，我们需要将未来的蓝图转化为相应的技术条件、技术方法与技术架构。以智能化为核心，以数字化、网络化为基础的体系架构，将构建新时代企业的新模式与新方向。新时代制造业产业的发展需求量多而复杂，不可能一蹴而就，技术的突破需要更多的应用场景，因此通过对十个重点工程领域的重点突破，获得相应的经验，可以反哺其他领域，形成领域间相互协同的良好格局。

践行。千里之行，始于足下，美好的蓝图在于认真的实践。制造业发展更需要一种"工匠精神"。既要仰望星空，也要脚踏实地，努力结合实际，找到真正适合本地域、本行业、本企业的发展之路。除了掌握规律之外，更需要审时度势，不懈前行。在不断的实践工作中，大家已经开始明白，《中国制造2025》与以往的发展理念显著不同的是，不能单纯地采用"拿来主义"。我们需要静下心来，按照工业工程的规律，通过精益化的梳理，理顺价值链；通过标准化的设计，与相关产业深度融合，实现自动化、数字化，最终达到智能化。在这个实践过程中，我们可以开始感悟新一代信息技术与产业深度融合带来的价值。正如一些现在已经取得了初步成绩的企业老板的感悟："真正能帮助你的，还是企业自己。"

"沉舟侧畔千帆过，病树前头万木春"，新的产业机遇，也是新的产业生态构建的过程。在世界竞争的新格局中，各种新技术、新模式纷纷涌现。努力成就自己，把握时代，做时代的事，成为时代的人。

感谢这个时代，感谢为这个时代不断奉献的人们。

杜玉河

工业4.0俱乐部秘书长、

杜特企业管理咨询公司创始人

推荐序 2　　思路决定出路

　　中国经济已进入"新常态"。为了从制造大国转变成为制造强国，需要举国上下的共同努力，这种努力不仅是体力、机械层面的，更是观念、思维和智慧层面的。王喜文博士针对《中国制造 2025》近期出版了数部著作，在国内取得了巨大的反响，本书从技术、经济层面上升到思维层面，十分可喜，值得赞扬。

　　在以往的制造业生产过程中，往往是企业根据自己的规划设计产品、设计工艺、组织生产，然后进行销售、发运、服务等。换句话说，企业是以自己为核心的。但是进入了互联网时代、产能过剩时代之后，这种方式显然已经不能继续维持。前些年服装库存危机的爆发就是典型的例子。从生产的角度来说，产品本身、产品的生产规模也发生了巨大变化，生产需求越来越多样化、小批量，比如说，以前一套模具需要保证完成 20 万件的生产寿命，现在则往往只需要保证完成 5 万件的生产寿命。

以往，客户需求较为模糊。企业自行进行产品规划、设计，组织实际生产。在企业的实际运行过程中，信息不断积累、不断细化，典型的例子如合同、技术要求、设计图样、工艺文件、生产指令、质检材料等。需要注意的是，这种发展的、增长的信息大多没有形成闭环，最终导致的就是频繁的变更、生产周期的延误、质量的低劣。此外，信息也缺乏积累，每一次再生产，都是又一次恶性循环的开始。

而好的模式，就是利用完整的、正确的、具有时效性的信息，如大数据，对生产过程进行描述，将流程、产品和服务电子化、信息化、数字化，实现作业指导和管控，并辅助、促进决策，从而降低信息的不确定性，使信息精准、动态、可认知、能够指导行为，进而构建众多企业、个人等主体的合作生态体系，最终实现以信息化驱动工业化，促进企业升级改造，使地区实现产业升级，带动经济发展。

王喜文博士提出的几个转变是值得我们深思的：从重视成本到重视创新，从粗放过剩仿制到绿色质量品牌，从资源驱动到信息驱动，从进口依赖到自主高端，这几个点恰恰就是目前中国制造的几个关键发展方向，需要进一步深入研究分析。比如说，企业需要创新，创新有很多种，典型的有材料创新、产品创新、服务创新、工艺创新、组织创新、市场创新、商业模式创新等。以产品创新为例，机电产品往往不是一个孤立的零件，而是一个复杂的系统，在这个复杂的系统中，哪些是标准化的？哪些是可创新的？哪些是客户看重的，能给客户带来巨大价值的？它们之间如何协调，从而保证客户需求？对这些问题进行深入分析，企业就能保证获取高额利润和强大的市场竞争力。

再说一点，关于进口依赖，国内很多人对于国产产品的质量有诸多顾虑，事实上，很多国产产品的质量水平已经达到或者超过了国际水准。尽管如此，依然不被国人认可，这说明产品质量问题不仅仅是技术问题、经济问题，也是思维问题，这个问题的解决也是一个系统工程。

幸而，目前的"工业互联网""工业4.0"可以为《中国制造2025》的实施提供参考。例如生产过程的信息采集，实现管理的移动化、物联化，实现随时随地的监测；利用云计算、大数据平台、社交平台实现高效沟通，从而促进问题解决，保证技术生产稳定状态。我们相信，在政府的引导支持下，我国的制造业将大有作为。

《中国制造 2025》的愿景并不遥远，无论你是谁，你是否意识到，你都已经身处《中国制造 2025》的大氛围里。在你的思维中，是否存在着王喜文博士提出的一系列关键概念？我们如何确立这些概念的权重，如何对它们进行价值排序，进而借助系统性的综合考量，形成高度综合、体系完整、创新发展的个人、企业、地区、国家发展道路，让我们一起阅读、思考、行动……

李正海

工业互联网＋联盟秘书长

前　言

新一轮工业革命正在孕育兴起。这场革命是信息技术、互联网与制造业的深度融合，以数据制造、网络制造和制造业智能化为核心，将给全世界范围内的制造业带来深刻的影响。对于国家实体经济而言，若能跟得上新一轮工业革命的历史机遇，就将实现转型升级甚至弯道超车，否则就将被发达国家甩得越来越远，差距越来越大。

"工业4.0"被认为是第四次工业革命，是德国政府在2013年4月正式发布的一项国家战略，该战略主张制造业各个环节应用互联网技术，将数字信息与物理现实之间的联系可视化，将生产工艺与管理流程全面融合，实现智能工厂，生产智能产品。2014年3月习近平总书记访问德国前，曾撰文特别提及德国"工业4.0"战略；同年10月李克强总理访问德国，并签订包含"工业4.0"相关内容的《中德合作行动纲要：共塑创新》。由此，"工业 4.0"在我国迅速成为"焦点"和"热点"。

在新一轮工业革命的背景下，2015 年 5 月国务院发布了《中国制造 2025》。《中国制造 2025》并不是一个一般性的行业发展规划，而是着眼于整个国际国内的经济社会发展、产业变革大趋势而制定的一项长期战略性规划，不仅要推动传统制造业的转型升级和健康稳定发展，还要应对新技术革命的发展，实现高端领域的跨越式发展，是我国实施制造强国战略的第一个十年期行动纲领。可以说，《中国制造 2025》在一定程度上受到了德国"工业 4.0"的影响，其核心思路与"工业 4.0"也有很多相似之处。比如《中国制造 2025》强调的一个主攻方向是"智能制造"，这也是"工业 4.0"的核心思想。

制造业是国民经济的主体，是立国之本、兴国之器、强国之基。从 18 世纪第一次工业革命开始，世界强国的兴衰史一再证明，没有强大的制造业，就没有国家的强盛。因此，打造具有国际竞争力的制造业，是我国提升综合国力、保障国家安全、建成世界强国的必经之路。

德国"工业 4.0"国家战略为我国《中国制造

2025》提供了很好的借鉴，中国产业界、学术界对此进行了深入研究。我也参与其中，并将自己的成果以专著形式加以展现。其中，《工业4.0：最后一次工业革命》一书于2015年1月1日由电子工业出版社出版，是国内第一本"工业4.0"方面的专著，得到了九三学社中央委员会副主席赖明同志的重视，并亲自作序推荐；《工业4.0（图解版）：通向未来工业的德国制造2025》一书于2015年7月1日由机械工业出版社出版，得到了中国互联网领域著名企业奇虎360公司董事长周鸿祎的赏识并作序推荐；而2015年8月1日由机械工业出版社出版的《中国制造2025解读：从工业大国到工业强国》则得到了中国工程院李伯虎院士的作序和大力推荐。

我是九三学社中央科技委委员，九三学社北京市委房山区工委副主任，日语本科、计算机软件工程硕士、工学博士、情报学博士后，高级工程师（科技管理系列），曾在北京第一机床厂工作两年，后为日本开发计算机软件10余年，这12年的"工业"和"信息化"一线实践经历为我奠定了"两化融合"的研究基础。2009年，我毅然放弃了一家日本公司软件开发技术总负责人的职务和高薪待遇，参加公开招聘，进入到了目前的工作单位，从事高端产业研究工作。

由于我特殊的、跨界的专业背景和工作经历，引起了中央国家机关工委统战群工部与工业和信息化部机关党委的关注。2011年7月，我被选派挂职北京市房山区经济和信息化委员会副主任，参与过北京市高端制造业基地的重大招商项目，得到了很好的学习和成长。2014年10月，我被选派到中国浦东干部学院参加由中央统战部组织的"民主党派中青年干部培训班"，系统地学习了多门重要课程。

周鸿祎曾经在我的书序中写道："王喜文博士是九三学社中央科技委委员，他的研究成果经常受到九三学社中央领导的赞许。我也祝愿王喜文博士能够有更广阔的空间，能够更多、更深入地参与到产业发展和科技发展之中，去实现他的报国之梦。"

的确如此，在我25岁到35岁最年富力强的十年间，没能给国内开发一款软件。我对此深以为憾。2009年以来，我投身工业和信息化系统工作已有7年，我的梦想就是要将日本建设信息化的先进经验，融入我国的工业和信息化深度融合建设之中，以实现自己的"中国梦"——报国之梦。

2015 年 6 月 12 日，我应邀到武汉为东风汽车集团 300 多名中层干部讲授"工业 4.0 与中国制造 2025"；6 月 23 日，应邀参加由工业和信息化部人才交流中心举办的"2015 长风论坛"，为 200 多家企业做了"互联网＋工业"的主题报告。在返回北京的高铁上，在学习中央统战工作会议和《中国共产党统一战线工作条例（试行）》时，回顾这些年来中央国家机关工委统战群工部与工业和信息化部机关党委对党外干部的重视和大力培养，充满感激之情，于是信笔写下一首《咏长风》：

借得东风乘长风，功到终将自然成。

东瀛归来为报国，统战肝胆照平生。

王喜文

2016 年 3 月 1 日

目　录

第2篇 >> 发展所需 / 067

第 1 篇

大势所趋

几十年来，随着各种产品的信息化、数字化和网络化，制造业本身的生产结构也变得更加复杂、更加精细、更加自动化。生产线和生产设备内部的信息流量，以及管理工作涉及的数据量剧增，以往的自动化系统在信息处理能力、效率和规模上都已经难以满足制造业的更高需求。新一代信息技术的应用在一定程度上解决了这一难题。

当今，全球正在经历以"互联网＋工业"为代表的新一轮工业革命的创新浪潮，变革的核心是互联网等新一代信息技术的应用。当新的形态开始注入制造业领域，一系列全新的挑战也随之开始，让制造业由机械化、电气化、数字化转向网络化、数据化和智能制造的挑战将成为新一轮工业革命的主题。

第1章

传统工业化发展模式已失去竞争力

20世纪，大规模批量化生产模式在全球制造业领域占据统治地位，它曾经极大地促进了全球经济的飞速发展，使整个社会进入一个全新阶段。但是，随着世界经济的日益发展，市场竞争的日趋激烈，消费者的消费观和价值观越来越呈现多样化、个性化的特点，市场需求的不确定性越来越明显，大规模批量化生产方式已无法适应瞬息万变的市场环境。

可以说，过去30多年是全球化发展最快的一个时期，发达国家通过产业转移将大量劳动密集型企业转移到劳动力和原材料成本相对较低的发展中国家。对于大量劳动密集型企业来说，劳动力和原材料是重要的生产管理要素。而劳动力和原材料成本的上涨也从客观上对未来制造业形成了极大的压力。

此外，受资源相对短缺、环境压力加大、产能加剧过剩等外界环境影响，传统的以能量转换工具为推动力的工业经济将难以维系。环境污染、生态破坏、资源日趋匮乏已经成为人类社会共同面临的严峻挑战，解决这些全球性社会问题、实现可持续发展已经成为人类的共识，如图 1-1 所示。

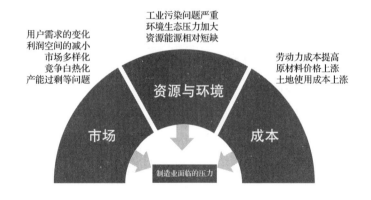

图 1-1 制造业的三大压力

也就是说，在成本、资源与环境和市场等三大压力之下，传统工业化的发展模式已经失去了竞争力。

第 2 章

制造业转型升级的世界地图

在全球范围内，制造业对国民经济的重要性继续提高。当前，制造业产值约占全球 GDP（国内生产总值）的 16%，提供了约 14% 的就业机会。新一轮工业革命已经向我们袭来。随着"互联网＋工业 4.0"的到来，制造业正在经历深刻变化。无论是制造业参与者的角色、制造理念、模式，还是产业驱动力，都在经历颠覆与重构。为了应对全球制造业面临的资源、环境、人口等方面的挑战，一些创新的制造理念和制造模式将不断涌现，比如智能制造、智能工厂、网络协同、以人为中心的个性化定制等。未来制造业的最终目标，是以极高的质量、效率和合理的成本，以最小的资源环境代价，生产出智能产品。

为此，对未来制造业，许多国家都提出了各自的愿景。美国利用互联网优势，提出了"工业互联网"战略；德国基于制造业根基，让制造业互联网化；英国提出了面向2050年的"未来制造业预测"；日本提出了《机器人新战略》；法国提出了《新工业法国》；韩国也提出了相应的工业计划……如图1-2所示。

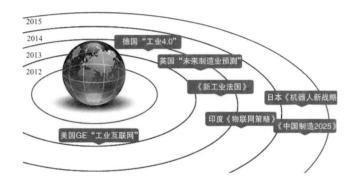

图1-2　许多国家纷纷推出制造业发展战略

| 第1节 |
美国 GE 的"工业互联网"计划

过去20年，互联网是改变社会、改变商业最重要的技术；如今，物联网的出现，让许多物理实体具备了感知能力和数据传输与表达能力；未来，随着移动互联网、物联网、云计算和大数据等技术的成熟，生产制造领域将具备收集、传输及处理大数据的高级能力，形成"工业互联网"，带动传统制造业的颠覆与重构。

"工业互联网"的概念最早是由美国通用电气公司（GE）于 2012 年提出的，随后，GE 联合另外四家 IT 巨头组建了工业互联网联盟（IIC），将这一概念大力推广开来。"工业互联网"的主要含义是，在现实世界中，机器、设备和网络能在更深层次与信息世界的大数据和分析连接在一起，带动工业革命和网络革命两大革命性转变。

工业互联网联盟的愿景是使各个制造业厂商的设备之间实现数据共享。这将至少涉及互联网协议、数据存储等相关技术。而工业互联网联盟的成立目的在于通过制定通用的工业互联网标准，激活传统的生产制造过程，促进物理世界和信息世界的融合。

"工业互联网"基于互联网技术，使制造业的数据流、硬件、软件实现智能交互。在未来的制造业中，可由智能设备采集大数据之后，利用智能系统的大数据分析工具进行数据挖掘和可视化展现，形成"智能决策"，为生产管理提供实时判断参考，反过来指导生产，优化制造工艺，如图1-3所示。

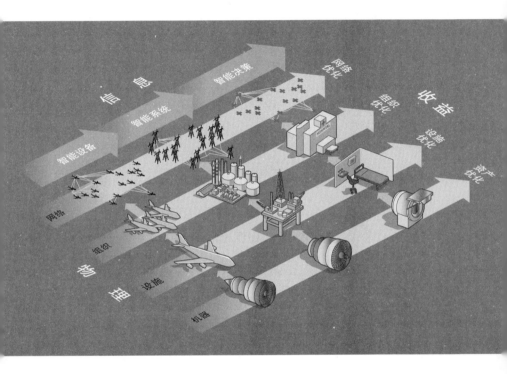

图1-3 工业互联网的三个维度

资料来源：《GE 工业互联网报告》（作者改译）。

智能设备可以在机器、设施、组织和网络之间实现共享，促进智能协作，并将产生的数据发送到智能系统。

智能系统包括部署在组织内的机器设备，还包括互联网中广泛互联的软件。随着越来越多的机器设备加入工业互联网，可以实现贯通整个组织和网络的智能设备协同效应。深度学习是智能系统内机器联网的一个升级。每台机器的操作经验可以聚合为一个信息系统，使得整套机器设备能够不断地自行学习，掌握数据和判断能力。以往，在单台机器设备上，这种深度学习是不可能实现的。

例如，从飞机上搜集的数据加上航空地理位置与飞行历史记录数据，便可以挖掘出大量有关各种环境下的飞机性能的信息。这些大数据的挖掘与应用，可以使整个系统更智能化，从而推动一个持续的知识积累过程。当越来越多的智能设备连接到一个智能系统之中，系统的智能化水平将不断提高，并能最终实现自主深度学习。

"工业互联网"的关键是通过大数据分析实现智能决策。当从智能设备和智能系统采集到足够的大数据时，智能决策其实就已经发生了。在"工业互联网"中，为应对越来越复杂的系统，以及由互联的机器、设备和组织形成的庞大的网络，智能决策十分必要。智能决策就是应对系统复杂性问题的关键。

当"工业互联网"的三大要素——智能设备、智能系统、智能决策与机器、设施、组织和网络融合到一起，工业互联网的全部潜能就会释放出来。生产率提高、成本降低和节能减排所带来的效益将带动整个制造业的转型升级。

所以说，"工业互联网"代表了消费互联网向产业互联网的升级，增强了制造业的软实力，使未来制造业向效率更高、更精细化方向发展。在互联网技术使得制造业从数字化走向网络化、智能化的同时，传统工业领域的边界也越来越模糊，工业和非工业也将渐渐变得难以区分。

| 第 2 节 |

德国"工业 4.0"战略

德国作为制造业大国，于 2013 年 4 月开始实施"工业 4.0"国家战略，希望在未来制造业的各个环节应用互联网技术，将数字信息与现实社会之间的联系可视化，将生产工艺与管理流程全面融合，由此实现智能工厂，生产出智能产品。"工业4.0"在德国被认为将开启第四次工业革命，旨在支持工业领域新一代革命性技术的研发与创新，保持德国的国际竞争力。制造业在德国的国民经济中占26%，作为提升传统制造业的战略发展方向，实施"工业4.0"是德国政府顺应全球制造业发展新趋势、推进智能制造新模式的客观要求。

正在发生的"工业4.0"，对于我们来说是机遇还是挑战？在制造业领域的市场中，必然会出现采用新商业模式的企业。传统制造业企业或许还会存留在市场中，但是为了应对新的竞争对手，它们的经营管理者一定会在新工业革命期间改变组织结构、管理流程和业务功能。智能手机、可穿戴设备之所以能够成功，不仅仅因为它们是新事物，更重要的是紧随其后的消费文化转变和社会转型。

第一次工业革命，蒸汽机的发明使制造业实现了机械化。第二次工业革命，电气技术的发明使制造业实现了电气化。自20世纪70年代开始的第三次工业革命，信息技术的发展，包括计算机服务系统、企业资源计划（Enterprise Resource Planning，ERP）等软件系统在制造业领域的应用，带来了制造业的数字化和自动化。可以说，前三次工业革命让制造业的生产模式不断地进化。而"工业4.0"则是在第三次工业革命的基础上，进一步推动了制造业模式的转变。

过去的制造业只是社会生产生活的一个环节，但随着互联网进一步向制造环节渗透，网络协同制造已经开始出现。制造业的模式将随之发生巨大变化，传统工业生产的生命周期将被打破，从原材料的采购到产品的设计、研发、生产制造、市场营销、售后服务等各个环节将形成闭环，彻底改变制造业以往仅作为一个环节的产业定位。在网络协同制造的闭环中，用户、设计师、供应商、分销商等角色都会发生改变。与之相伴，传统价值链也将不可避免地出现破碎与重构。

"工业4.0"代表的新一轮工业革命的背后是智能制造的大趋势，是向效率更高、更精细化的未来制造发展。制造业关注的重点不再是制造过程本身，而将是用户个性化需求、产品设计方法、资源整合渠道以及网络协同生产。所以，一些信息技术企业、电信运营商、互联网公司将与传统制造企业紧密衔接，而且很有可能将成为传统制造业企业的，乃至整个工业行业的领导者。

| 第 3 节 |

英国"未来制造业预测"（2050）

英国是第一次工业革命起源的国家，制造业曾经给英国带来 300 多年的经济繁荣。但是，随着信息化与互联网的发展，20 世纪 80 年代以来，英国开始推行"去工业化"战略，不断压缩钢铁、化工等传统制造业的发展空间，将汽车等许多传统产业转移到劳动力和原料成本都相对低廉的发展中国家，集中精力发展金融、数字创意等高端服务产业。2004 年，英国在世界制造业领域的排名是第四位，现在已经滑落到了第七位。

一、制造业回归

2008 年金融危机后，英国 GDP 转向负增长，2009 年第一季度甚至达到 − 8.6％。金融危机给英国实体经济带来深重的打击，也让英国政府意识到以金融为核心的服务业无法持续保持国际竞争力。因此，英国政府开始探索重振制造业的方法，以期提升国际竞争力，重振18世纪工业革命时代的辉煌。

近年来，许多英国企业开始将一些生产业务逐步转移回英国国内，特别是2013年以来，每6家制造业企业就有1家将境外生产业务又转移回英国本土。目前，英国的制造业带动了250万人就业，工业品出口额是英国出口总量的一半多，达53%。显然，制造业对英国经济的发展，尤其在刺激出口和提升生产率方面是非常重要的。

二、制造业的未来

1990年，制造业占英国经济的比重为17%，而如今，这一比例还不到10%。同时，新兴产业和技术不断涌现，市场竞争越发激烈，消费者对产品和服务的需求也发生了巨大的变化。在此背景之下，英国政府启动了对未来制造业进行预测的战略研究项目。该项目是定位于 2050 年英国制造业发展的一项长期战略研究，通过分析制造业面临的问题和挑战，提出英国制造业发展与复苏的政策。

该项战略研究于 2012 年 1 月启动，2013 年 10 月形成最终报告《未来制造业：一个新时代给英国带来的机遇与挑战》（The Future of Manufacturing：a New Era of Opportunity and Challenge for the UK）。报告认为未来制造业并不是传统意义上"制造之后进行销售"，而是"服务 + 再制造"（以生产为中心的价值链，如图 1 - 4），主要致力于四个方面：

- 更快速、更敏锐地响应消费者需求。
- 把握新的市场机遇。
- 可持续发展。
- 加大力度培养高素质劳动力。

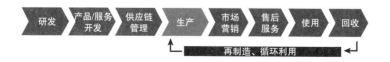

图 1 - 4　制造业价值链的简化模型

| 第 4 节 |

《新工业法国》从 I 到 II

据现任法国总统奥朗德称，法国工业产值近 10 年来在国内生产总值中的占比下降了 4 个百分点之多，就业岗位减少 75 万个。世界银行的统计数据则更加不乐观，1971 年法国工业产值尚占国内生产总值的 33.6%，到了 2013 年仅占 18.8%，下降了近 15%。而来自世界经济论坛（World Economic Forum）的国家竞争力报告显示，法国的国家竞争力排名已远远落在美、日、德等制造业大国之后。

面对伴随"去工业化"的工业增加值和就业比重的持续下降，法国政府意识到"工业强则国家强"，于是在 2013 年 9 月推出了《新工业法国》战略，旨在通过创新重塑工业实力，使法国重回全球工业第一梯队。

该战略是一项 10 年期的中长期规划，展现了法国在新工业革命中实现工业转型的决心和实力。其主要目的是解决三大问题：能源、数字革命和经济生活，共包含

34 项具体计划。

34 项计划分别是：可再生能源、环保汽车、充电桩、蓄电池、无人驾驶汽车、新一代飞机、重载飞艇、软件和嵌入式系统、新一代卫星、新式铁路、绿色船舶、智能创新纺织技术、现代化木材工业、可回收原材料、建筑物节能改造、智能电网、智能水网、生物燃料和绿色化工、生物医药技术、数字化医院、新型医疗卫生设备、食品安全、大数据、云计算、网络教育、宽带网络、纳米电子、物联网、增强现实技术、非接触式通信、超级计算机、机器人、网络安全、未来工厂。

2015 年 5 月 18 日，法国政府对《新工业法国》战略进行了大幅调整。改进后的《新工业法国Ⅱ》标志着法国"再工业化"开始全面学习德国"工业 4.0"。

此次调整的主要目的在于优化国家层面的总体布局。2013 年推出《新工业法国》战略时，法国政府曾经一口气明确无人驾驶汽车、机器人研发、新式铁路等 34 个优先项目，优先项目过多，在一定程度上导致了核心产业发展动力不足、主攻方向不明确。

调整后的法国"再工业化"总体布局为"一个核心，九大支点"。一个核心，即"未来工业"，主要内容是实现工业生产向数字制造、智能制造转型，以生产工具的转型升级带动商业模式变革。九大支点包括大数据经济、环保汽车、新资源开发、现代化物流、新型医药、可持续发展城市、物联网、宽带网络与信息安全、智能电网等，一方面旨在为"未来工业"提供支撑，另一方面旨在提升人们日常生活的质量，如图1-5所示。

图1-5　《新工业法国Ⅱ》的一个核心与九大支点

资料来源：《新工业法国Ⅱ》（作者改译）。

| 第 5 节 |

印度的《物联网策略》

IT 大国印度也在举全国之力，升级制造业。我们已经提到，新一轮工业革命到来之际，发展中国家或许不会一步一步沿袭发达国家工业转型升级的进化路线，而是借助新一轮工业革命的历史性机遇，实现跨越式发展，甚至弯道超车。所以说，制造业基础尚未巩固的一些发展中国家也有机会一跃而成新一轮工业革命的主角——软件开发人才集中的印度便是如此。

早在 2014 年 5 月，莫迪当选印度总理之后，随即推出了积极的产业促进政策，谋求从制造业和信息化两个角度带动经济社会高速发展。一方面，莫迪通过减少行政审批、简化税收制度，吸引境外企业投资，打造"印度制造"；另一方面，通过加大中小型城市以及农村的高速宽带网络建设，实现"数字印度"。

2014 年 10 月，印度政府发布了《物联网策略》，目标是 2020 年培育实现 150 亿美元的物联网产业。这项战略被认为是"印度制造"与"数字印度"之间的纽带，如图1-6所示。

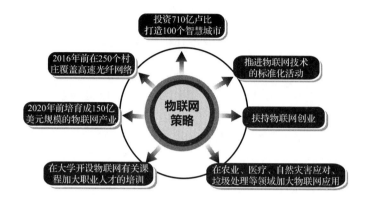

图 1-6   印度《物联网策略》主要行动计划

有印度通信与信息技术部下属电子与信息技术司的官员称："印度对制造有着巨大的需求。因此，发挥软件优势，利用物联网提升制造业生产技术、改进产品功能，将是印度传统产业发展的千载难逢的机遇。"

与我国一样，印度同样拥有庞大的人口，国内市场的规模巨大。但是，印度制造业根基较薄弱、社会基础设施相对落后，这在一定程度上阻碍了其经济发展。但是，随着我国劳动力成本的上涨，更多的跨国企业将目光投向了拥有大量低成本年轻劳动力的印度。随着新一轮工业革命的到来，或许印度能够凭借信息技术、物联网等优势，吸引更多的跨国企业投资，不断掌握更多的生产技术，逐步强化工业基础，实现与发达国家一样的生产效率。那么，印度也将有望成为制造强国。

TechMahindra 是印度一家大型 IT 企业，主要服务于汽车与航空等业务领域，是印度领先汽车制造商马恒达（Mahindra）集团的一员。近年来，TechMahindra 已经成功"走出去"，在全球 52 个国家或地区设有分支机构。英国电信等电信运营商以及多家欧美大型汽车企业都是 TechMahindra 的客户。TechMahindra 2014 年营业额为 40 亿美元，近几年来，每年都保持 50% 的增速，是印度备受关注的高速成长型企业。

3 年前 TechMahindra 开始将经营资源集中投入物联网领域。目前，公司内有 5000 多人从事物联网领域的有关业务，包括软件工程师、数据分析专家、售后服务人员等。

"互联网 + 工业 4.0"时代，TechMahindra 公司已经开始行动了。公司加大了对制造业领域的应用研发，例如，推出了将工厂设备联网，使用传感器采集数据，并通过分析挖掘，得出高效生产方式的系统。这个系统目前已经在印度多家工厂使用。通过对设备和车床的运行数据进行搜集和分析，系统能科学地调整设备配置和生产计划，有望将工厂的生产效率提升15%～20%。

此外，2013年TechMahindra推出了印度首款电动汽车"e2o"。这款电动汽车能够用智能手机进行各项操作，如开关空调、开关车门、确认电池余量、查找附近充电站等。还能够实现车况的远程监控、保养预警提醒等功能。"e2o"研发负责人介绍称："我们的愿景是搭建一个大平台，将全世界的工厂、汽车、人和设备等数据都导录进来，进行一体化管理。并基于此开展各种服务，掌控制造业附加值较高的那些部分。"

如果能够将许多工厂的设备数据统一管理起来，就能够实时判断出哪些设备闲置，该交付哪些生产任务等。如果汽车车况数据能够实现统一管理，就能够提醒每辆车在最恰当的时机进行维修保养，也将减缓交通拥堵的情况。TechMahindra的设想不仅仅是改善生产效率，还包括带动产生新的服务、新的业态。

印度企业原本在信息技术上有着显著优势，如果与德国制造业企业或者德国政府开展广泛的合作或网络协同分工，则将成为全球制造业市场中的新势力。TechMahindra 已经与德国博世公司合作，在航空工业领域提供信息系统服务，通过监控电动工具和从业人员的工作状况，提升生产效率。在汽车领域，TechMahindra 正在研发对德国国内生产的汽车进行总体管理，可实现预测零部件维修更换时间等功能的软件系统。

无论是发达国家还是发展中国家，无论是大企业还是中小企业，都希望应用互联网技术升级制造业。新一轮工业革命在全世界范围内同时发生，许多国家都想搭乘这趟高铁，挤进第一集团。

| 第 6 节 |

日本的《机器人新战略》

伴随德国"工业4.0"时代的到来，生产制造领域的工业机器人将不断地升级为智能机器人。作为制造业大国和机器人大国，日本如坐针毡——如果不推出机器人国家战略规划的话，日本机器人大国的地位便将受到威胁。2015 年 1 月 23 日，日本政府公布了《机器人新战略》，如图 1 - 7 所示。该战略首先列举了欧美与中国的技术赶超，以及互联网企业对传统机器人产业的渗透给机器人产业环境带来的剧变。这些变化将使机器人开始应用大数据实现自律化，使机器人之间实现网络化，物联网时代也将随之真正到来。

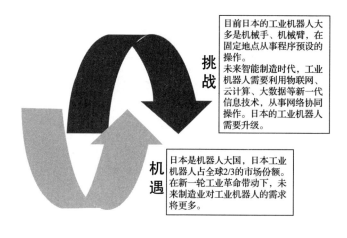

目前日本的工业机器人大多是机械手、机械臂，在固定地点从事程序预设的操作。
未来智能制造时代，工业机器人需要利用物联网、云计算、大数据等新一代信息技术，从事网络协同操作。日本的工业机器人需要升级。

挑战

机遇

日本是机器人大国，日本工业机器人占全球2/3的市场份额。在新一轮工业革命带动下，未来制造业对工业机器人的需求将更多。

图 1 - 7　日本《机器人新战略》的出台背景

一、机器人大国——日本的现状

20 世纪 80 年代以来，日本机器人以制造业应用的工业机器人为主体，迅速普及。尤其在汽车与电子制造产业中，机器人的安装使用，带动了生产效率的大幅增长。可以说，机器人的广泛应用造就了日本在世界制造业的辉煌形象。

日本机器人的实力，最开始是在工业领域的普及中受到全球认可的。目前，日本仍然保持工业机器人产量、安装数量世界第一的位置。2012年，日本机器人产业总产值约为3400亿日元，占全球市场份额的50%，安装数量（存量）约30万台，占全球安装量的23%。而且，日本生产的机器人主要零部件，包括机器人精密减速机、伺服电机、重力传感器等，均占据90%以上的全球市场份额。

目前，日本在机器人生产、应用、主要零部件供给、研究等各方面在全世界范围内遥遥领先，依然保持"机器人大国"的地位。制造业是日本机器人的主要应用领域。日本机器人传统上是以提高生产的稳定性与节约劳动力成本等为出发点的，主要用于提升制造业生产过程的自动化。在日本如今的汽车产业、电子制造产业的大规模量产技术中，都大量采用了各种机器人。

但是，Google所代表的互联网企业不断拓展新商业模式，进军制造业。就制造业而言，美国设立了"工业互联网联盟"；德国推出了"工业 4.0"战略，举全国之力，推动新生产过程的开发、全产业链的优化。在这些趋势之中，关键是制造的模块化和首先制定国际标准。

所以，日本政府担忧，假如日本在机器人开发中的着眼点依然落后于这一趋势的话，传统机器人领域将走向边缘化，制造领域一度领先的商业模式也将走向衰落。同时，使机器人作为系统得以应用的关键就是系统集成，而目前日本机器人应用大多仅限于汽车、电子制造领域等大型企业。汽车与电子制造领域之外的制造业与服务业等新的领域，中小企业等经营主体的需求日益增多，系统集成商的数量和质量都显得不足，这方面的问题也需要尽早解决。

二、日本的机器人革命

日本政府认为，为实现机器人革命，必须改变日本对机器人的认识。

机器人革命是指，随着传感器、人工智能等技术的进步，以往并未定义为机器人的物体也将"机器人化"，如汽车、家电、手机甚至住宅。同时，从制造业工厂车间到大众日常生活等各个领域，都要广泛应用机器人，并通过机器人的普及应用来解决社会问题、强化制造业与服务业领域的国际竞争力，产生新附加值，带动社会进步，使生活更加便利，让国家更加富有。

机器人革命首先要实现任何人都可以熟练使用机器人的"易用性"，根据各领域的实际需求，灵活使用机器人。以往，机器人的应用主要集中在汽车、电子制造等产业的大型企业，以嵌入到大规模生产线中的工业机器人为主。未来的机器人将更多地应用于三品（食品、化妆品、医药品）产业，以及更广泛的制造和服务领域等。因此，未来的机器人产业发展的重点，不是那种大型的用于焊接与喷漆的生产线专用机器人，而是更小的，应用广泛的，同时适用于中小企业的性价比较高的机器人。

同时，在已经应用机器人的领域，也应制定更高的目标，如发展能够支持产品生命周期较短的产品制造，方便进行频繁任务切换的机器人。

此外，为了让机器人能够广泛应用，机器人供应商、系统集成商、用户之间的关系也要重新定位。与以往的情况不同，这三者完全可以形成一种互利共赢、可获取高附加值的关系。届时，他们能够发挥各自的创造力，形成凝聚力与竞争力，在兼顾成本的前提下，共同致力于提升竞争力所需的技术开发。

要实现机器人的"易用性"，意味着在通用平台之下，通过模块组合满足各种需求的模块型机器人将成为主流。

机器人正朝着与信息技术相融合的方向发展。要开创具有"自律化""数据终端化""网络化"等世界领先的机器人，并加以广泛应用，由此在全世界范围内不断地获取数据，支持数据驱动型的创新。在制造、服务领域带动产生新附加值的同时，机器人还将成为信息传达、娱乐和日常通信领域带来极大变革的关键设备。

随着技术的变革，机器人的概念也将发生变化。未来应该从创新潮流以及发展可能性的角度，灵活把握机器人概念。以往，机器人主要是指具备传感器、智能控制系统、驱动系统等 3 大要素的机械。随着数字化技术的发展、云计算等网络技术的应用以及人工智能技术的进步，一些机器人即便没有驱动系统，也能通过独立的智能控制系统驱动，或与现实世界的各种事物或人物实现联网。未来，随着物联网的进化，机器人仅仅借助智能控制系统，就能够应用于社会生活的各个场景之中。那样一来，传统的机器人定义将有可能发生改变，下一代机器人的概念将会更宽泛。

随着机器人的深度应用，一些社会制度也需要适时调整。尽管机器人的进化日新月异，但是相对于能够识别各种状况、做出判断的人类，机器人的功能依然存在很大的局限性。为此，只有将营造人类与机器人协同生活的社会视为必要的前提条件，才能将机器人的能力最大限度地发挥出来。这对实现"机器人无障碍社会"非常重要。

在"机器人无障碍社会"的愿景中，老人、儿童都将在日常生活中与机器人互动。人类借助机器人的协助，从繁杂的工作中解放出来，同时，通信手段得以进一步充实，也将大幅提升生活质量。就地方政府管理而言，通过运用机器人，能够保障区域安全，提升居民满意度指数，也能够解决安保人员数量不足的问题，提升社会公共生活的安全性和便捷性。在老龄化严重的地区，医疗护理的重要性日益凸显，如果机器人得到深度应用，就可以提供许多目前难以普及的高级医疗手段，提供负担较轻但质量较高的护理服务，每个人都将实际感受到机器人应用带来的效果。机器人在社会的各场景得到广泛应用，将培育出人机协同工作的各种新的业态（维修、娱乐、保险等）。

日本的机器人革命主要有三大目标。

1. 世界机器人创新基地——巩固机器人产业培育能力

增加官、产、学合作，增加用户与厂商的对接机会，诱发创新，同时推进人才培养、下一代技术研发、开展国际标准化等工作。

2. 世界第一的机器人应用国家

为了在制造、服务、医疗护理、基础设施、自然灾害应对、工程建设、农业等领域广泛使用机器人，在战略性推进机器人开发与应用的同时，应着力打造应用机器人所需的环境。

3. 迈向世界领先的机器人新时代

在物联网时代，数据的高级应用推动了数据驱动型社会的形成。所以，所有物体都将通过网络互联，日常生活中将产生海量的大数据。数据本身也将是附加值的来源。因此，随着物联网时代的到来，应着眼于制定机器人新时代的战略。

日本政府认为，为实现这三大目标，要逐步完善机器人相互联网、自律性数据存储和应用等规则，并积极申请国际标准。同时，平台安全也是不可或缺的。日本政府计划到2020年，要最大限度地借力包括政府制度改革在内的多项政策措施，扩大机器人开发投资，推进1000亿日元规模的机器人扶持项目。届时，机器人将不再是简单的替代人类进行劳动的工具，而是"与人之间形成互助互补的关系，与人一起创造高附加值的合作伙伴"。

第 3 章

信息化驱动工业化是必然规律

随着美国"制造业回归"的强力推动以及我国国内劳动力、土地等成本的上升，我国制造业依赖传统比较成本优势参与国际竞争的局面难以为继。加快制造业智能化的发展进程，培育产业新优势，是在新一轮国际产业竞争中主动出击，促进工业转型升级的重大战略抉择。

一、规律：从工业化到智能化的演变

传统工业化的技术特征是利用机械化、电气化和自动化，实现大规模生产和批量销售。在当前复杂的国际竞争形势和国内环境下，为提升我国制造业在全球产业价值链中的地位，解决制造业大而不强的问题，我国制造业必须从传统生产方式向智能化生产方式转变，如图1-8所示。

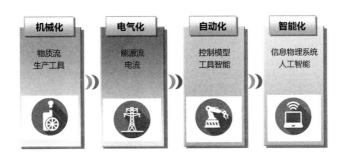

图1-8　工业化的发展规律

现代工业化的技术特征，除了物理系统（机械化、电气化、自动化）之外，还要通过融合信息系统（计算机化、信息化、网络化），最终实现信息物理系统（智能化）。"工业4.0"时代，中国制造业向智能化发展，存在着巨大的空间和潜力。目前，我国正处在工业化向信息化的发展进程之中，经济的崛起必定首先依托制造业。新一轮工业革命在带来诸多挑战的同时，也将为我国新一轮制造业发展提供许多难得契机。因为，历史经验表明，每一次工业革命都为后发国家成功实现赶超提供契机，英、德、美、日等都是通过把握工业革命的机遇而成功的。就我国制造业转型升级而言，新一轮工业革命将会同样带来赶超发展的契机。

以前，我国制造业技术含量不高，一直处于国际产业价值链的低端环节。工业和信息化深度融合为制造业的网络化、智能化发展奠定了坚实的基础。毫无疑问，"工业4.0"时代，新一轮工业革命将更快速地带动两化深度融合。信息技术向制造业全面嵌入，将打破传统的生产流程、生产模式和管理方式。生产制造过程与业务管理系统的深度集成，将实现对生产要素的高度灵活配置，实现大规模定制化生产。从而将有力推动传统制造业加快转型升级的步伐。

二、规律：内、外部的网络协同

"工业4.0"定义了制造商、供应商乃至开发商之间的网络协同结构，主要目的是实现市场与研发的协同、研发与生产的协同、管理与通信的协同，从而形成一个完整的制造网络，由多个制造企业或参与者组成，它们相互交换商品和市场信息，共同执行业务流程。企业、价值链和产品生命周期这三个维度贯穿于价值链中的各个制造参与者之间，将管理职能与制造职能空前紧密地联系在一起。

同时，"智能工厂"的"智能生产"，重点研究智能化生产系统及过程，以及网络化分布式生产设施的实现。其核心就是在整个工业生产过程中，通过信息物理系统（CPS），利用物联网技术、软件技术和通信技术，加强信息管理和服务，提高生产过程的可控性，从而实现研发、生产、制造工艺及工业控制等环节全方位的信息覆盖，确保各个生产制造环节都能处于最优状态，从而引导制造业向智能化转型。

1. 内部网络协同制造

对于一个制造业企业来说，其内部的信息是以制造管理为核心的，包括生产管理、物流管理、质量管理、设备管理、人员及工时管理等与生产相关的要素管理。传统的制造管理以单个车间/工厂为单位，管理的重点是生产，管理的范围是制造业内部。

但是，随着信息技术的进步，很多制造型企业在发展的不同时期，根据不同时期的管理需求，开发不同的系统，并在企业内部逐步使用，如库存管理系统、生产管理系统、质量管理系统、产品生命周期管理系统、供应量管理系统等。不同的系统实现不同的功能。企业的发展要求不同的生产元素管理之间具有协同性，以避免制造过程中的信息孤岛，因此对各个系统之间的接口和兼容性的要求越来越高，即各个系统之间的内部协同越来越重要。

尤其是，随着对于制造的敏捷性及精益制造的要求不断提高，靠人工导入导出信息已经不能满足制造业信息化的需求，这就要求在不同系统之间进行网络协同，做到实时的信息传递与共享。

2. 外部网络协同制造

在未来制造业中，每个工厂都采用独立运作的模式，每个工厂都有独立运行的生产管理系统，或者采用一套生产管理系统来管理所有的工厂的运作。但随着企业的发展，一些企业设置有不同的生产基地或多个工厂，工厂之间往往需要互相调度，合理地利用人力、设备、物料等资源，企业内部每个工厂之间的信息流量越来越大，实时性要求越来越高，同时对每个工厂的数据量和执行速度的要求也越来越高。这就要求不同工厂之间能够做到网络协同，确保实时的信息传递与共享。

在全球化与互联网时代，协同不仅仅是组织内部的协作，而且往往涉及产业链上、下游组织之间的协作。一方面，通过网络协同，消费者与制造业企业共同进行产品设计与研发，满足个性化定制需求；另一方面，通过网络协同，配置原材料、资本、设备等生产资源，组织动态的生产制造，缩短产品研发周期，满足差异化市场需求。

"工业 4.0"中的横向集成代表生产系统的结合，这是一个全产业链的集成。在以往的工厂生产中，产品或零部件生产只是一个独立过程，各企业、各过程之间没有任何联系，缺乏进一步的逻辑控制。外部的网络协同制造使得一个工厂根据自己的生产能力和生产档期，只生产某一种产品的一部分，外部的物流、其他工厂的生产，包括销售等全产业链各环节能够联系起来。这样一来，就实现了价值链上的横向产业融合。

第4章

信息化驱动工业化是大势所趋

在工业领域信息化过程中，工业软件将传统意义上的机械化、电气化、自动化的"硬性制造"转化为具备数字化、智能化、网络化特点的"软性制造"。在未来制造业中，信息化将扮演着愈发重要的角色，如图1-9所示。

产品的信息化　生产的信息化　办公的信息化　基础设施的信息化

图1-9　信息化在各个层面驱动工业化

资料来源：高知特公司（Cognizant）（作者改译）。

从"物理"到"信息"

一、服务型制造

大规模制造时代，传统的制造环节利润空间越来越受到挤压。从发达国家发展先进制造业的战略规划中均可以看出，制造业的概念和附加值正在不断从硬件向服务和解决方案等无形资产方面转移。相对于传统制造业，如今，服务带给产品功能、控制产品、对产品施加更大影响。同时，与以往的硬件产品不同，在当前的制造业中，对产品附属的服务或基于产品的解决方案的需求正在快速增加。

所谓服务型制造，就是增加产品附加价值，拓展更多、更丰富的服务与解决方案。相对于硬件来说，产品内置的软件、附带的服务或者解决方案通常是无形的，都是"看不见"的事物，服务型制造的关注点，恰恰就在于这些事物。

在服务型制造中，不再将"产品"生产视为制造业的全部，而认为"服务"在制造业中不断发挥主导作用，产品附带的服务或解决方案对制造业的价值带来巨大影响。所以，未来的服务型制造业需要放弃传统的"硬件式"的思维模式，从服务产生附加值的角度实现发展。未来，服务在整个制造业价值链中所占的比重将越来越大，呈现显著的增长趋势。未来制造业企业向顾客提供的将不再是单纯的产品，而是集各种应用软件与服务形态于一体的整体解决方案。

以大规模量产的硬件资产为核心的制造业随着模块化制造的进展和生产设备技术的一体化，很容易进行技术转移，进入门槛较低，以致许多发展中国家都可以快速推进工业化进程。但是，近年来，发达国家不断使用软件定义产品功能和特性，增强对以服务为主导的制造业创新的重视程度，使得制造业产品价值的来源从硬件转为以服务为主导，也提高了制造业的准入门槛。

电子产品就是一个典型案例。如今的电子产品中大多预装操作系统，嵌入各种软件功能，许多电子产品通过联网还能够安装更多的应用软件（App）。目前，就连传统的制造业领域如汽车产业，也不断体现出"软件决定产品价值"的重要趋势。例如，为了实现汽车的低油耗驾驶，需要由软件来协同控制汽车中的各种技术和功能模块，软件的功能直接影响到汽车的油耗水平。许多发达国家都在积极开发无人驾驶汽车，在无人驾驶汽车时代，软件在汽车中的重要性水平无疑将进一步大幅提升。

美国企业在"软性制造"方面的趋势最为明显。GE、IBM 等美国企业从很早就开始重视服务的作用。GE 跳出传统制造业的思维模式，致力于软件投入，目前的 GE 已经是一个数据分析公司和软件公司了。IBM 在这一点上更为领先，认为管理海量数据的时代即将到来，因此极为重视公司在数学上的数据解析能力。

欧洲各国也很早就意识到，未来制造业展现全球化竞争能力的根源是软件。在欧盟框架计划中，为嵌入式软件的基础研究项目（ARTEMIS）投入高达 27 亿欧元。西门子、博世等大型企业将摇身变为 IT 企业。

在发达国家制造业的发展趋势中，我们可以发现其对售后服务、客户服务和对解决方案业务极为重视。未来制造业的商业模式，将不仅仅是销售硬件，而是通过对销售出的硬件产品提供维护保养等售后服务以及各种其他后续服务，不断解决顾客的问题，获取更多的附加价值。

对服务及解决方案等业务类型的认识，在美国、德国、英国都已非常普遍。美国的大型企业倾向于对服务、解决方案进行行业标准化，并向新兴市场国家推广。GE在医疗服务领域的举措可谓是一个典型案例。德国、英国则通常通过销售的咨询化使得"制造业服务化"得以成功。

二、产品系统化

随着模块化、数字化的进展，零部件生产加工技术加速向新兴市场国家转移，随之而来的是零部件本身的利润难以维系。因此，发达国家的制造业开始更加注重通过组装零部件进行封装化、将部分功能模块化、将系列功能系统化，来提升附加价值。

模块化是将标准化的零部件进行组装，以模块为单位设计产品，从而能够快速响应市场的多样化趋势，满足消费者的各种差异化需求。以往，产品生产过程需要付出大量时间和人力成本，如果将复杂的产品通过几个模块进行组装，就能够同时解决多样化和效率的问题。

但是，模块化只是产品系统化的一个方面，未来制造业将更加重视在模块化和封装化的基础上进行的系统化，拓展新的应用与服务。如果以系统化为主导，就能相对于"物理"意义上的零部件，获取更多的带有"信息"功能的附加价值。相反，如果不掌控系统的主导权，无论研发出的零部件质量和功能多么卓越，也难以成为市场价格的主导者。

美国企业一直在研发与设计等价值链的上游环节获取附加价值，这就体现了面向系统的思维模式。位于价值链上游的企业为了汲取附加价值，不应面向零部件，而应面向系统来掌控市场。GE 的核心技术就是系统，该公司在 20 世纪 80 年代已经向能源系统公司转型，彼时积累的成功经验无疑将应用到今天 GE 大力推广的医疗服务等领域之中。

德国政府提出的"工业4.0"战略,核心就是物理信息系统(CPS),德国的西门子、博世等大型企业对系统化也已经有了深刻的认识。其中,博世公司推出了基于AUTOSAR国际标准的封装系统,正在大力开拓印度和中国等新兴市场。

| 第2节 |
从"群体"到"个体"

在发达国家,随着规模化制造业将生产转移至新兴市场国家,以定制化为重点多种类小批量制造业渐渐成为主流。未来发达国家的制造业将在"大规模定制"的潮流下,根据多种多样的个性化需求来展开业务。同时,消费者本身也将有能力将自己的需求付诸生产制造。

随着以3D打印为代表的数字化和信息技术的普及,技术的革新将使制造业的进入门槛降至最低,并不拥有工厂与生产设备的个人也能很容易地参与到制造业之中。制造业准入门槛的降低,意味着一些意想不到的企业或个人将参与到制造流程中,从而有可能使商业模式产生更巨大的变化。

"个性化"首先是在美国得到大力倡导的。在美国的文化背景下，个性比组织有着更浓厚的色彩。制造业的"个性化"趋势不仅仅会使美国制造业回归，而且还将带动旧金山等大都市内的新型制造业盛行。一些专注于通过信息化的驱动使得生产工程高效化、专业化的小规模制造单位将在市区内盛行，它们根据消费者的需求提供柔性的定制化服务，凭借优越的设计，与大批量生产形成差异化竞争。

| 第 3 节 |

从 "静态" 到 "动态"

随着信息技术的发展和互联网、电子商务的普及，制造业市场竞争对企业提出了新的要求。一方面，要求制造业企业能够不断地基于网络获取信息，及时、动态地对市场需求做出快速反应；另一方面，要求制造业企业能够动态地将各种资源集成与共享，并加以合理利用。

一、供应链的动态化

以往，制造业企业往往将经营重点放在如何集中内部资源做大做强、做全产业链上。而如今，制造业企业可以通过互联网，整合内部、外部资源，进行分散、动态的互联制造，规避大规模投资建设的风险，降低经营难度。

在传统的制造业生产模式中，无论是工厂还是供应商，都需要为零部件或原材料的库存承担一定的成本，由于供应商和工厂之间的信息不对称和信息交换的不顺畅，工厂只能采用按计划或按库存生产的模式，灵活性和效率受到了约束，如图 1 - 10 所示。

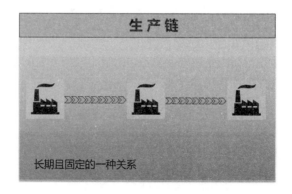

图 1 - 10　传统的静态生产链模式

"工业 4.0" 时代，制造系统的日益复杂在一定程度上加速了产业组织结构的转型。传统的由大型企业集团掌控全局的供应链主导型将向产业生态型演变，平台技术以及平台型企业将在产业生态中占据更重要的地位。因此，企业竞争战略的重点将不再是做大规模，而是实现智能化的供应链管理，在不断变化的动态环境中获得和保持动态的供需协调能力，如图 1-11 所示。

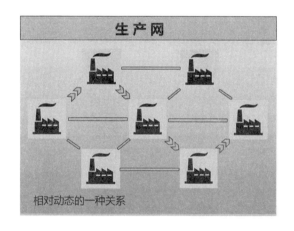

图 1-11 未来的动态生产链模式

供应链管理的智能化将统一工厂的零部件库存和供应商的生产流程，从而保证工厂零部件库存的最小化，降低库存带来的风险，降低生产成本。供应链管理智能化要求企业间采用基于事件驱动的方式交换信息，信息的交换是实时的，并且对方同样可以做出实时反应，供应链上不同的企业的运作与同一企业内部各环节的运作一样敏捷。供应链管理智能化将为供应链上的企业带来更大的利益，供应链上各个企业的协同制造将为降低制造成本、物流成本，缩短制造周期，提供更好的服务提供有力的保障。

二、生产线的动态化

流水线作业的主要特点是：物料通过流水线传送，操作工人在工位上不动，不断地重复一个简单固定的动作。好处是可以避免操作工人在车间内来回走动、更换工具等无价值环节，从而显著提升工作效率。

随着可编程逻辑控制器（Programmable Logic Controller，PLC）的出现和普及，自动化技术得到了重大突破。PLC使得一些逻辑关联复杂的操作可以由设备自动完成。同时，数控机床技术的发展，使得机床能按照图纸对零部件完成若干复杂的加工工序。此外，采用机械手等工业机器人技术，也使得替代操作工人简单重复的固定作业成为可能。所以，在流水线上，经过分解的、由标准化动作组成的操作很容易被自动化的机器完成。也就是说，流水线很容易实现自动化。过去30多年是全球化发展最快的一段时期，发达国家通过产业转移将大量劳动密集型产业转移到劳动力成本较低的发展中国家。对于大量劳动密集型产业来说，自动化水平较高的流水线的综合成本往往要高于自动化水平较低的生产线。

但是，自动化流水线也有其弊端，如不能灵活地生产，不能满足个性化定制需求，一些重复性低、相对复杂、感知能力要求较高的操作更适合人工来做。为此，一直以来，更好地满足个性化需求，提高生产线的柔性是制造业长期追求的目标。

"工业4.0"对企业的意义在于，它能够将各种生产资源，包括生产设备、工人、业务管理系统和生产设施形成一个闭环网络，进而通过物联网和系统服务应用，实现贯穿整个智能产品和系统的价值链网络的横向、纵向的集成和端对端的数字化集成，从而提高生产效率，最终实现智能工厂。通过智能工厂制造系统在分散价值网络上的横向集成，就可以在产品开发、生产、销售、物流、服务的过程中，借助软件和网络进行监测、交流和沟通，根据最新情况灵活、实时地调整生产工艺，而不再是完全遵照几个月或者几年前的计划进行生产。

"工业4.0"通过CPS系统将不同设备通过数据交互连接到一起，让工厂内部、外部构成一个整体。而这种"一体化"其实是为了实现生产制造的"分散化"。在"工业4.0"时代，生产模式将由"集中式中央控制"向"分散式增强控制"转变，"分散化"的生产将变得比流水线的自动化生产更加灵活。

"工业4.0"描述的动态配置的生产方式主要是指从事作业的机器人（工作站）能够通过网络实时访问所有有关信息，并根据信息内容，自主切换生产方式以及更换生产材料，从而调整为匹配度最高的生产作业模式。动态配置的生产方式能够实现为每个客户、每个产品进行不同的设计，进而确定零部件构成、生成产品订单、制订生产计划、组织生产制造、选择物流配送，杜绝整个链条中的浪费环节。与传统生产方式不同，动态配置的生产方式在生产过程中，能够随时变更最初的设计方案。

例如，目前的汽车生产主要按照事先设计好的工艺流程进行。尽管也存在一些混流生产方式，但是生产过程一定要在由众多机械设备组成的生产线上进行，所以无法实现产品设计的多样化。管理这些生产线的 MES（制造执行管理系统）原本应该带给生产线更多的灵活性，但是受到构成生产线的众多硬件设备制约，无法发挥出更多的功能，作用极为有限。同时，操作不同生产线的工人分布于各个车间，他们都没有掌握整个生产流程，所以也只能发挥出在某项固定工作上的作用。这样一来，便很难实时满足客户的需求。

在"工业 4.0"描绘的智能工厂中，固定的生产线概念消失了，采取了可以动态、有机地重新构建的模块化生产方式。例如，生产模块可以视为一个"信息物理系统"，正在进行装配的汽车能够自律地在生产模块间穿梭，接受所需的装配作业。如果生产过程的特定环节如零部件供给环节出现瓶颈，能够及时调度其他车型的生产资源或者零部件，继续进行生产。也就是说，系统可使每个车型自律地选择适合的生产模块，进行动态的装配作业（见图1-12）。这种动态配置的生产模式可以发挥出 MES 原本的综合管理功能，能够动态管理设计、装配、测试等整个生产流程，既保证了生产设备的运转效率，又可以使生产种类实现多样化。

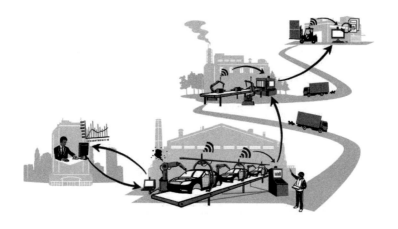

图 1 - 12　动态配置的生产方式

资料来源：日本经济产业省。

| 第 4 节 |

从 "IT" 到 "DT"

一、信息化时代：工业软件充斥整个制造业

工业和信息化部自成立以来，一直致力于推进工业

与信息化的两化融合工作，通过信息化的融合与渗透，对传统制造业产生革命性影响。具体体现在降低制造业成本、提高制造业管理水平、提高制造业生产率、促进制造业生产模式的创新、加快制造业服务化的转变、提升制造业创新能力、加速制造业实现节能减排、推动制造业的全球化、催生制造业新的业态等诸多方面。

"工业 4.0"本质上是信息技术带动的产业变革，与我国的"两化融合"异曲同工。在未来制造业中，我们应该将两化深度融合作为主要着力点，进一步推进制造业信息化。

首先，积极研究部署信息物理系统（CPS）平台，实现"智能工厂"的"智能制造"。智能制造已成为全球制造业发展的新趋势，智能设备和智能生产手段在未来必将广泛替代传统的生产方式。而信息物理系统（CPS）将改变信息与物理世界的交互方式，使得未来制造业中的物质生产力与能源、材料和信息三种资源高度融合，为实现"智能工厂"和"智能制造"提供有力的保障。美国、德国等世界工业强国都高度重视信息物理系统的构建，加强战略性、前瞻性的部署，并已然取得了积极的研究进展。而我国目前的制造业发展仍然以简单的扩大再生产为主要途径，迫切需要通过智能生产、智能设备和"工业4.0"理念来改造和提升传统制造业。

其次，推动制造业向智能化发展转型的同时，同步推动制造业的模式和业态的思维革新。主要体现在，从大规模批量化生产变为大规模定制化生产的思维革新、从生产型制造变为服务型制造的思维革新、从集团式全能型生产变为网络式协同制造的思维革新、从两化融合变为工业互联网的思维革新。

这一切都离不开工业软件。工业软件是指专门为工业领域所使用的软件，大致可以分为两类。

一类是植入到硬件产品或生产设备之中的嵌入式软件，它可以细分为操作系统、嵌入式数据库和开发工具、应用软件等，它们被植入硬件产品或生产设备的嵌入式系统之中，达到自动化、智能化地控制、监测、管理各种设备和系统运行的目的。

另一类则是对生产制造进行业务管理的各种工业领域专用的工程软件。例如，产品生命周期管理系统（PLM）是从产品研发、设计、生产、流通等各个环节对产品全生命周期进行管理的软件系统，此外，还有各种计算机辅助设计（CAD）、辅助制造（CAM）、辅助分析（CAE）、辅助工艺（CAPP）、产品数据管理（PDM）等软件，可帮助制造业企业实现生产和管理过程的智能化、网络化。

德国"工业4.0"战略将工业软件的重要性提升到了前所未有的高度。"工业4.0"时代的制造管理系统囊括了CRM（客户关系管理）、PDM（生产数据管理）、SCM（产业链管理）、PLM（产品生命周期管理）、CAD（计算机辅助设计）等软件系统以及数据处理系统，能够将分散的信息进行汇总分析，给未来制造工艺带来决定性的影响。"工业4.0"对工业软件的重视非同一般。生产设备和产品的硬件仅代表一个制造工艺的流程接口，它将会通过软件，特别是通过不断地适应软件来逐步完善生产流程，判断并执行复杂的任务。正因如此，软件将会在"工业4.0"时代起到至关重要的作用，如图1-13所示。

"工业4.0"从4个维度优化生产工程。通过将各种工业软件嵌入制造流程之中，来解决产品生命周期、物流交货周期不断缩短以及客户定制要求日益多样化的问题，借助优化订单管理、产品研发、技术研发、生产设备研发，希望提升物理世界中工厂或车间的生产效率。

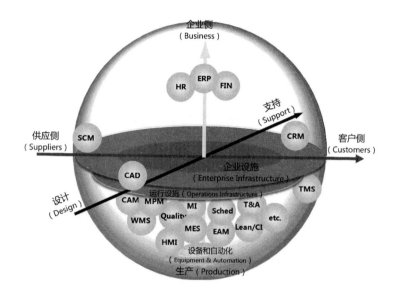

图 1 - 13　软件在"工业 4.0"时代起到至关重要的作用

资料来源：美国 ARC 顾问集团（作者改译）。

从任意一个维度来看"工业 4.0"，都有可能得出完全不同的结论。但是，无论从哪个维度来看，信息处理的关键点"信息"与物理现象的关键点"网络"之间的枢纽都在"工厂"或"车间"。因此，"信息物理系统"在任何维度上的定位都是对等。

在这种模式下，传统的行业边界将会消失，并产生各种新的活动领域和合作业态。创造新价值的过程也因软件系统而发生改变，产业链分工将被重组。新型的产业链分工模式下，制造业将不再仅仅是硬件制造，而是与信息技术、自动化技术、现代管理技术与新的服务模式深度融合。

二、数据化时代：大数据是工业互联网的命脉

近年来，随着互联网、物联网、云计算等信息技术与通信技术的迅猛发展，数据量的暴涨成为了许多行业共同面对的严峻挑战和宝贵机遇。"人类正从 IT 时代走向 DT 时代。"阿里巴巴集团创始人马云在各种场合都不遗余力地推销自己的观点。信息社会已经进入了大数据（Big Data）时代，大数据的涌现改变着人们的生活与工作方式，也改变着企业的运作模式。马云认为，IT 时代是以自我控制、自我管理为主，而 DT（Data Technology）时代是以服务大众、激发生产力为主。两者之间看起来似乎存在一种技术方面的差异，但实际存在

的是思想观念层面的差异。

　　大数据是指涉及的数据量规模巨大到无法通过目前计算机软件工具，在合理时间内完全实现采集、管理、处理、分析。大数据来源多种多样，互联网每天都会产生大量数据，包括随社交网络的普及而产生的大量数据、随电子商务的交易行为而产生的大量数据、移动互联网收集到的用户位置以及生活信息等数据以及智能手机、平板电脑以及遍布地球各个角落的各种各样的物联网传感器时时刻刻产生的数据。

　　从数据属性来看，大数据是由数量巨大、结构复杂、类型众多的数据构成的数据集合。大数据的特征通常用4V 来表现，如图 1－14 所示。

图 1－14　大数据的 4V 特征

（1）Volume：数据量大。大数据的规模是一个不断变化的指标，单一数据集的规模范围有可能从几十TB到数PB不等（存储1PB数据将需要两万台配备50GB硬盘的个人计算机）。除个人、企业之外，各种意想不到的来源都能产生数据。据美国市场研究公司IDC预测称，到2020年，全球数据量将较今天扩大50倍。

（2）Variety：数据类型繁多。除了社交网络、互联网搜索之外，大量传感器被安装在道路、桥梁、汽车和飞机上，每个传感器都增强了数据的多样性。类型的多样性也让数据被分为结构化数据和非结构化数据。相对于以往便于存储的以文本为主的结构化数据，非结构化数据越来越多，包括图片、音频、视频、地理位置信息等，这些类型的数据对数据的处理能力提出了更高的要求。

（3）Value：价值密度低。价值密度的高低与数据总量的大小成反比，也就是说，挖掘一条有价值的信息往往需要在规模越来越大的海量数据中寻觅。以电子商务领域的消费者购物为例，以往商家可能从10万个商品浏览数据中分析判断消费者的购买行为，而如今则可能需要从数千万甚至更多的商品浏览数据中挖掘有价值的信息。如何通过强大的深度复杂分析（机器学习、人工智能等）技术，更迅速地完成数据的价值的"挖掘"，对未来趋势与模式进行预测，已成为目前大数据背景下亟待解决的难题。

（4）Velocity：实时性强。这是大数据区别于传统数据挖掘最显著的特征。在海量的数据面前，处理数据的效率就是企业的生命。企业不仅需要了解如何快速创建数据，还必须知道如何快速处理、分析并反馈给用户，以满足他们的实时需求。

随着制造技术的进步和现代化管理理念的普及，制造业企业的运营越来越依赖信息技术。制造业的整个价值链以及制造业产品的整个生命周期都涉及海量的数据，制造业企业的数据也呈现爆炸式增长的趋势。

制造业企业需要管理的数据种类繁多，涉及大量结构化数据和非结构化数据，如图 1－15 所示。

图 1 – 15　制造业大数据

（1）产品数据：设计、建模、工艺、加工、测试、维护、产品结构、零部件配置关系等方面的数据。

（2）运营数据：组织结构、业务管理、生产设备、市场营销、质量控制、生产、采购、库存、目标计划、电子商务等方面的数据。

（3）价值链数据：客户、供应商、合作伙伴等方面的数据。

（4）外部数据：经济运行、行业、市场、竞争对手等方面的数据。

随着大规模定制和网络协同的发展，制造业企业还需要实时从网上接受众多消费者的个性化定制数据，并通过网络协同配置各方资源，组织生产，管理更多各类有关数据。

大数据可能带来的巨大价值正在被传统产业所认可，它通过技术的创新与发展，以及数据的全面感知、收集、分析、共享，为企业的管理者和经营者提供一个全新的看待制造业价值链的方法。

1. 实现智能生产

在"工业4.0"时代，通过信息物理系统（CPS），工厂/车间的设备传感器数据和控制层的数据与企业信息系统融合，使得生产大数据传到云计算数据中心进行存储、分析，形成决策并反过来指导生产。具体而言，生产线、生产设备都将配备传感器，抓取数据，然后经过无线通信连接互联网，传输数据，对生产流程进行实时的监控。而生产所产生的数据同样经过快速处理、传递，反馈至生产过程中，将工厂升级成为可以实现管理和自适应调整的智能网络，使得工业控制和管理最优化，对有限资源进行最大限度的使用，从而降低工业流程和资源的配置成本，使得生产过程能够高效地进行。

过去，在设备运行的过程中，自然磨损会使产品的品质发生一定的变化。随着信息技术、物联网技术的发展，通过传感器实时感知数据，发现产品出了什么问题、哪里需要配件，使生产过程中的这些因素能够被精确控制，从而真正实现生产的智能化。在一定程度上，工厂／车间的传感器所产生的大数据直接决定了"工业 4.0"所要求的智能化设备的智能水平。

此外，从生产能耗角度来看，设备在生产过程中利用传感器集中监控所有的生产流程，能够发现能耗的异常或峰值情况，由此能够在生产过程中不断实时优化能耗。同时，对所有流程的大数据进行分析，也将从整体上大幅降低生产能耗。

2. 实现大规模定制

大数据是制造业智能化的基础，其在制造业大规模定制中的应用包括数据采集、数据管理、订单管理、智能化制造、定制平台等，其核心是定制平台。定制化数据达到一定的量级，就可以实现大数据应用，通过对大数据的挖掘，实现市场预测、精准匹配、智能制造、合作生产、社交应用、推送营销等更多的应用，如图 1－16 所示。同时，大数据能够帮助制造业企业提升营销的针对性，降低物流和库存的成本，降低生产资源投入的风险。

利用这些大数据进行分析，将带来仓储、配送、销售效率的大幅提升和成本的大幅下降。将极大地减少库存，优化供应链。同时，利用销售数据、产品的传感器数据和供应商数据库的数据，制造业企业可以准确地预测全球不同市场区域的商品需求。由于可以跟踪库存和销售价格，制造业企业便可节约大量的成本。

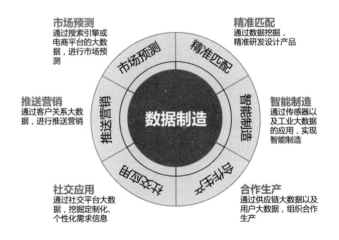

图 1-16　大数据驱动制造业向服务业转型

"工业 4.0"本质是基于信息物理系统（CPS）实现"智能工厂"，使智能设备根据处理后的信息，进行判断、分析、自我调整、自动驱动生产加工，直至最后产品完成。可以说，智能工厂为最终的制造业大规模定制化生产做好了准备。

实现消费者个性化需求，一方面需要制造业企业能够生产提供符合消费者个性偏好的产品或服务，另一方面需要互联网提供消费者的个性化定制需求信息。由于消费者人数众多，每个人的需求不同，导致需求的具体信息也不同，加上需求的不断变化，就构成了产品需求的大数据。消费者与制造业企业之间的交互和交易行为也将产生大量数据，挖掘和分析这些消费者动态数据，能够帮助消费者参与到产品的需求分析和产品设计等创新活动中，为产品创新做出贡献。制造业企业对这些数据进行处理，进而传递给智能设备，进行数据挖掘、设备调整、原材料准备等步骤，生产出符合个性化需求的定制产品。

消费需求的个性化要求传统制造业突破现有的制造模式，根据消费者需求所产生的海量数据与信息，进行大数据处理与挖掘。同时，在这些非标准化产品的生产过程中产生的生产信息与数据也是大量的，需要及时收集、处理和分析，以反过来指导生产。

这两方面大数据信息流最终通过互联网在智能设备之间传递，由智能设备进行分析、判断、决策、调整、控制并继续开展智能生产，生产出高品质的个性化产品。可以说，大数据是构成新一代智能工厂的保证。

智能工厂中的大数据是"信息"与"物理"世界彼此交互与融合所产生的。大数据应用将带来制造业企业创新和变革的新时代。在以往传统的制造业生产管理的信息数据基础上，通过物联网等技术带来的物理数据感知，形成"工业4.0"时代的生产数据的私有云，创新了制造业企业的研发、生产、运营、营销和管理方式。这些创新给制造业企业带来了更快的速度、更高的效率和更强的洞察力。

第 2 篇

发展所需

制造业是我国经济高速增长的引擎。目前，我国尚处于工业化进程的中后期，制造业创造了GDP总量的1/3，贡献了出口总额的90%，未来几十年制造业仍将是我国国民经济的支柱产业。但是，由于劳动力成本的上涨以及制造业领域的技术进步，发达国家纷纷出台重振制造业的强力政策，部分制造业企业开始从我国迁出，也有部分跨国企业为了节省成本，将目光转向工资低廉的东南亚地区。同时，越南、印度等亚洲发展中国家也在致力于加快经济结构调整和产业升级，争相吸引发达国家的产业转移。可以说，全球制造业正面临新的变革。

　　第一次工业革命是机械取代人力，第二次工业革命是自动取代手动，第三次工业革命使得制造业迎来信息化和自动化。落后的人力劳动已经无法满足现代化制造业的需求，一些发达国家很早就开始发展自动化技术以提升生产力。富士康总裁郭台铭也曾经表示，定位为智能化机器人生产基地的山西晋城富士康产值将来可突破 500 亿元，在 5 到 10 年内看到首批完全自动化的工厂，并在数年内通过自动化消除简单重复性的人工工序。

"工业 4.0"将促进制造业从第三次工业革命的自动化向智能化、网络化、数据化方向发展，在一定程度上，也将促进发达国家制造业技术和模式的转型升级。

可以说，中国制造在面临空前的机遇同时，也面临着前所未有的挑战。为此，2015 年 5 月国务院发布了《中国制造 2025》，并提出了九大任务和五大工程。

《中国制造 2025》并不是一个一般性的行业发展规划，而是着眼于整个国际国内的经济社会发展、产业变革大趋势所制定的长期战略性规划，不仅要推动传统制造业的转型升级和健康稳定发展，还要应对新技术革命的冲击，实现高端制造业的跨越式发展，是我国实施制造强国战略的第一个十年期行动纲领。

所以，在《中国制造 2025》的指导思想中，明确了要"全面贯彻党的十八大和十八届二中、三中、四中全会精神，坚持走中国特色新型工业化道路"。

第 5 章

从重视成本到重视创新

一直以来，我国制造业转型升级的主要关注点都是如何降低成本，如何减少不良品率，而没有将目光重点投向市场需求和创新技术。

制造业企业对自动化和信息化系统的应用，也大多出于降低人工成本的考虑。而《中国制造 2025》是在以德国"工业 4.0"为代表的新一轮工业革命的背景下出台的，其指导思想更具前瞻性，将"以促进制造业创新发展"作为主题，为未来的制造业转型升级指明了新的方向，如图 2－1 所示。

指导思想

全面贯彻党的十八大和十八届二中、三中、四中全会精神，坚持走中国特色新型工业化道路，**以促进制造业创新发展为主题**，以提质增效为中心，以加快新一代信息技术与制造业深度融合为主线，以推进智能制造为主攻方向，以满足经济社会发展和国防建设对重大技术装备的需求为目标，强化工业基础能力，提高综合集成水平，完善多层次多类型人才培养体系，促进产业转型升级，培育有中国特色的制造文化，实现制造业由大变强的历史跨越。

——《中国制造2025》

图 2 - 1　以促进制造业创新发展为主题

第 1 节

任务：提高国家制造业创新能力

原文引用

完善以企业为主体、市场为导向、政产学研用相结合的制造业创新体系。围绕产业链部署创新链，围绕创新链配置资源链，加强关键核心技术攻关，加速科技成果产业化，提高关键环节和重点领域的创新能力。

加强关键核心技术研发。强化企业技术创新主体地位，支持企业提升创新能力，推进国家技术创新示范企业和企业技术中心建设，充分吸纳企业参与国家科技计划的决策和实施。瞄准国家重大战略需求和未来产业发展制高点，定期研究制定发布制造业重点领域技术创新路线图。继续抓紧实施国家科技重大专项，通过国家科技计划（专项、基金等）支持关键核心技术研发。发挥行业骨干企业的主导作用和高等院校、科研院所的基础作用，建立一批产业创新联盟，开展政产学研用协同创新，攻克一批对产业竞争力整体提升具有全局性影响、带动性强的关键共性技术，加快成果转化。

提高创新设计能力。在传统制造业、战略性新兴产业、现代服务业等重点领域开展创新设计示范，全面推广应用以绿色、智能、协同为特征的先进设计技术。加强设计领域共性关键技术研发，攻克信息化设计、过程集成设计、复杂过程和系统设计等共性技术，开发一批具有自主知识产权的关键设计工具软件，建设完善创新设计生态系统。建设若干具有世界影响力的创新设计集群，培育一批专业化、开放型的工业设计企业，鼓励代工企业建立研究设计中心，向代设计和出口自主品牌产品转变。发展各类创新设计教育，设立国家工业设计奖，激发全社会创新设计的积极性和主动性。

推进科技成果产业化。完善科技成果转化运行机制，研究制定促进科技成果转化和产业化的指导意见，建立完善科技成果信息发布和共享平台，健全以技术交易市场为核心的技术转移和产业化服务体系。完善科技成果转化激励机制，推动事业单位科技成果使用、处置和收益管理改革，健全科技成果科学评估和市场定价机制。完善科技成果转化协同推进机制，引导政产学研用按照市场规律和创新规律加强合作，鼓励企业和社会资本建立一批从事技术集成、熟化和工程化的中试基地。加快国防科技成果转化和产业化进程，推进军民技术双向转移转化。

完善国家制造业创新体系。加强顶层设计，加快建立以创新中心为核心载体、以公共服务平台和工程数据中心为重要支撑的制造业创新网络，建立市场化的创新方向选择机制和鼓励创新的风险分担、利益共享机制。充分利用现有科技资源，围绕制造业重大共性需求，采取政府与社会合作、政产学研用产业创新战略联盟等新机制新模式，形成一批制造业创新中心（工业技术研究基地），开展关键共性重大技术研究和产业化应用示范。建设一批促进制造业协同创新的公共服务平台，规范服务标准，开展技术研发、检验检测、技术评价、技术交易、质量认证、人才培训等专业化服务，促进科技成果转化和推广应用。建设重点领域制造业工程数据中心，为企业提供创新知识和工程数据的开放共享服务。面向制造业关键共性技术，建设一批重大科学研究和实验设施，提高核心企业系统集成能力，促进向价值链高端延伸。

加强标准体系建设。改革标准体系和标准化管理体制，组织实施制造业标准化提升计划，在智能制造等重点领域开展综合标准化工作。发挥企业在标准制定中的重要作用，支持组建重点领域标准推进联盟，建设标准创新研究基地，协同推进产品研发与标准制定。制定满足市场和创新需要的团体标准，建立企业产品和服务标准自我声明公开和监督制度。鼓励和支持企业、科研院所、行业组织等参与国际标准制定，加快我国标准国际化进程。大力推动国防装备采用先进的民用标准，推动军用技术标准向民用领域的转化和应用。做好标准的宣传贯彻，大力推动标准实施。

强化知识产权运用。加强制造业重点领域关键核心技术知识产权储备，构建产业化导向的专利组合和战略布局。鼓励和支持企业运用知识产权参与市场竞争，培育一批具备知识产权综合实力的优势企业，支持组建知识产权联盟，推动市场主体开展知识产权协同运用。稳妥推进国防知识产权解密和市场化应用。建立健全知识产权评议机制，鼓励和支持行业骨干企业与专业机构在重点领域合作开展专利评估、收购、运营、风险预警与应对。构建知识产权综合运用公共服务平台。鼓励开展跨国知识产权许可。研究制定降低中小企业知识产权申请、保护及维权成本的政策措施。——《中国制造2025》

图 2-2 提高国家制造业创新能力

提到我国制造业发展水平，大家首先会认为是"缺乏创新"。而创新能力不够强，主要体现在三个方面。

首先是技术自主创新能力不够强。计算机基础软件、半导体和集成电路专用设备、高档数控机床与机器人、高性能医疗器械等主要依赖购买国外成品；新能源汽车、农机装备、电力装备等处于引进技术与消化吸收的创新过程中，尚未掌握核心技术。这主要是因为，我国以企业为主体的技术创新体系建设尚处于起步阶段，企业创新的活跃度不高，制约了制造业整体上的自主创新能力发展。

其次是技术开发与创新经费投入较少。目前发达国家研发费用占 GDP 的比重在 2% ~ 4%，发展中国家大多在 1% 以下。据世界银行的数据显示，中国的研发投入规模近年来不断增长，2012 年研发投入比首次突破 2%，但与世界强国相比，产业创新能力还有不小的差距，如图 2 - 3 所示。

第三，标准化、知识产权保护不力等诸多政策性因素，也在一定程度上制约了我国制造技术创新的实现。

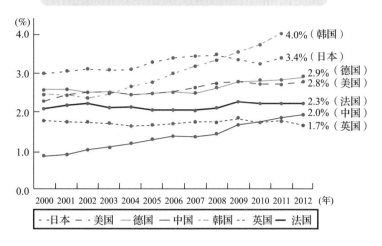

图2-3 主要国家的研发投入强度比较

资料来源：世界银行。

　　而美国先进制造业的发展经验表明，只有技术创新才能推动制造业的整体发展，才能带动本国长期技术水平的提高和经济的增长。所以，美国发展先进制造业，首先一点就是重视技术创新政策。据研究资料显示，美国制造业经历了一个"绝对强大—渐次衰落—重塑优势"的过程，在此过程中美国政府针对制造业推出的技术创新政策起到了相当重要的作用。美国制造业的规模和技术水平曾在全球市场中拥有绝对优势，占全球制造业份额的40%左右，达到了当时世界上遥遥领先的地位，为美国的经济发展奠定了坚实基础。20 世纪 70 年代和 80 年代，美国开始推进"去工业化"，以至于无论是在本土还是在国际市场上，美国制造业的竞争力都明显下降，并由此导致了美国制造业的萧条。为此，进入 20 世纪 90 年代后，美国政府开始推行以"技术创新战略"为主要内容的制造业重振计划，于 1990 年、1993 年和 1997 年分别实施了"先进技术计划""制造业合作发展计划"和"下一代制造——行动框架"等，以推动美国制造业的进一步发展。技术创新带来的制造业重振，在很大程度上促进了美国的经济增长。大量证据表明，制造业重振了美国在国际和国内市场上的竞争力，对 20 世纪 90 年代美国强劲的经济增长发挥了不可替代的重要作用。数据显示，20 世纪 90 年代美国制造业的年均增长率达 5.2%，高于同期美国经济增长率 2.1 个百分点，对 GDP 增长的贡献达到 29%，制造业技术创新是经济增长的支撑，其他产业的发展也依赖于健康的、具有技术活力的制造业。

自 2008 年金融危机爆发以后，美国经济遭受重创，奥巴马政府于 2009 年年底启动"再工业化"发展战略，同年 12 月公布《重振美国制造业框架》；2011 年 6 月和 2012 年 2 月相继启动《先进制造业伙伴计划》和《先进制造业国家战略计划》，并通过积极的工业政策，鼓励制造企业重返美国，意在通过大力发展国内制造业、促进出口，达到振兴美国国内工业，进而保证经济平稳、可持续发展的目的。可以说，美国在国际金融危机后提出"再工业化"，意在夺回美国制造业的优势。"再工业化"不是原有工业化的重复，而是将高新技术注入制造业，重塑美国制造业的优势。美国"再工业化"是要全面振兴国家制造业体系，大幅增加制造业产出和出口，以求扩大就业、优化产业结构、提升硬实力，并实现"经济中心"的回归，进一步巩固其全球领导地位。

"再工业化"不是传统意义上的制造业回归，它将催生一种新的生产方式，带有定制特征的智能设备的普遍应用将成为一大趋势。在新形势下，美国"再工业化"战略的提出是一种国家战略层面的制度创新，体现了制度创新与技术创新持续互动的过程。通过"再工业化"，一方面，积极促进计算机、汽车、航空以及为大企业配套的机械、电子零部件等现有高端制造业产业升级；

另一方面，大力发展清洁能源、医疗信息、航空航天、电动汽车、新材料、节能环保等新兴产业，带动传统制造业发展，引领世界新一轮产业革命，以确保在21世纪持续保持全球竞争优势。

2012年3月，奥巴马政府提出"美国国家制造业创新中心网络计划"（NNMI），计划投资10亿美元，创建15个国家制造业创新中心，以重振美国制造业竞争力。2013年1月，美国总统办公室、国家科学技术委员会、国家先进制造业项目办公室联合发布《制造业创新中心网络发展规划》。2012年8月以来，美国已经成立了4个制造业创新中心，这些中心涉及的相关技术和产业有望引领未来制造业的发展方向。

强大的制造业是经济持续稳定发展的根本动力。美国"再工业化"战略也充分证明，制造业是技术密集型产业，技术优势是实现国家长期稳定发展的决定性因素。故此，发展制造业必须高度重视制造业创新能力，只有这样才能实现我国制造业由量到质的根本转变。正如工业和信息化部前副部长毛伟明所说："经济发展的内外环境正在发生深刻变化，面对传统优势减弱和日益激烈的国际竞争，迫切要求加快实现从中国制造到中国创造的转变。"在《中国制造2025》中，一个亟须实现的转变是从"中国制造"到"中国创造"：坚持创新驱动，把创新摆在制造业发展全局的核心位置。

| 第2节 |
工程：制造业创新中心建设工程

| 原文引用 |

围绕重点行业转型升级和新一代信息技术、智能制造、增材制造、新材料、生物医药等领域创新发展的重大共性需求，形成一批制造业创新中心（工业技术研究基地），重点开展行业基础和共性关键技术研发、成果产业化、人才培训等工作。制定完善制造业创新中心遴选、考核、管理的标准和程序。

到2020年，重点形成15家左右制造业创新中心（工业技术研究基地），力争到2025年形成40家左右制造业创新中心（工业技术研究基地）。——《中国制造2025》

一直以来，中国制造业的发展往往是靠规模，虽然规模已经很大，但是很多都是委托加工，虽然号称是世界工厂，但实际上利润率很低。所以要转型升级，通过创新，在全球制造业分工中发挥引领作用，而不仅仅是代工生产。为此，《中国制造2025》才提出把创新摆在制造业发展全局的核心位置，完善有利于创新的制度环境，推动跨领域跨行业协同创新，突破一批重点领域关键共性技术，促进制造业数字化、网络化、智能化，走创新驱动的发展道路。

图 2－4　制造业创新中心（工业技术研究基地）建设工程

以往，同行业内的企业之间在市场上是互相竞争的关系，某个企业有了创新之后，就申请专利、申请标准，将其保护起来，不让其他企业去模仿。所以，

"标准化"对"创新"是一种制约，也就是说，市场竞争遏制了行业整体上的创新。而德国"工业4.0"则体现了一种"研发+行业支持+标准化=创新"的协同创新模式。

在传统制造业时代，标准决定着产品、决定着市场取向。所以，随着越来越多的高新技术的诞生与发展，企业将专利和知识产权申报为标准成为了制造业获取最大经济利益的最佳途径。标准成为专利技术、知识产权的最高体现形式，制造业的经济利益越来越多地取决于标准，渐渐地，标准也越来越多地蒙上垄断色彩。正因如此，标准在一定程度上遏制了创新，无视信息时代客户需求的差异化，不再符合互联网思维和未来的制造业思维。

当然，如果只有创新而没有跟进的标准化，那么创新成果就很难转化为经济效益。但是，如果过度强调标准化，则容易形成垄断化的管理体系，从而扼杀创新。那么，如何处理"创新"与"标准"两者之间的关系，如何优化创新模式呢？德国"工业4.0"其实给出了一个答案——行业整体层面的合作创新。

"工业4.0"在分散的价值网络上实现横向互联，并进行实时管理。从用户下订单，直到产品交货，贯通原材料采购、产品设计、研发、生产制造与客户关系管理、供应链和生产能耗管理等信息系统，帮助工厂实现产品的短期上市、更高的生产灵活性和资产利用率、更低的成本和更可控的风险。这样一来，首先，用户参与"研发"互动，提供更多的创新思路；其次，智能工厂通过网络接受个性化定制产品的生产订单，通过社会化媒体工具征集合作生产设备或合作伙伴，从相关平台采购原材料和零部件，制造成品交货之后，系统自动通过网上支付进行销售结算，形成跨领域的"行业支持"；最后，技术成熟、产品定型之后才开始"标准化"；从而使得制造业具备更好的弹性和柔性，使得标准化与多样化并存，形成"研发＋行业支持＋标准化＝创新"模式，保障"大规模定制"的实施，促成既能适应市场对产品多样化的需求，又能享受大规模生产优点的目标的达成。

这种合作创新既是协同创新，也是开放式创新。以往企业利用自身有限资源进行的封闭式创新费时费力，产生的价值相对较小；而整合内外部资源，开展协同创新则在一定程度上降低了创新所需的金钱和时间成本，提高了价值，如图 2-5 所示。

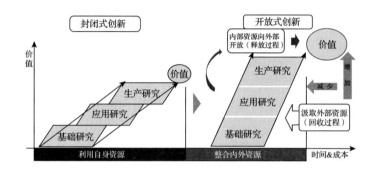

图 2-5　开放式创新与封闭式创新的对比

这种行业整体层面的合作创新，既保障了标准化，又化解了企业的单打独斗。《中国制造 2025》提出"建设国家制造业创新中心"，其目的也是引导行业整体层面上的创新。

未来是智能制造的时代，是"互联网＋工业"的时代，国家制造业创新中心需要有既有实践经验，又有产业研究经历，既有机床、自动化等工业专业背景，又懂软件、大数据等信息化技术的跨界人才来引领。

任务：提高制造业国际化发展水平

统筹利用两种资源、两个市场，实行更加积极的开放战略，将引进来与走出去更好结合，拓展新的开放领域和空间，提升国际合作的水平和层次，推动重点产业国际化布局，引导企业提高国际竞争力。

提高利用外资与国际合作水平。进一步放开一般制造业，优化开放结构，提高开放水平。引导外资投向新一代信息技术、高端装备、新材料、生物医药等高端制造领域，鼓励境外企业和科研机构在我国设立全球研发机构。支持符合条件的企业在境外发行股票、债券，鼓励与境外企业开展多种形式的技术合作。

提升跨国经营能力和国际竞争力。支持发展一批跨国公司，通过全球资源利用、业务流程再造、产业链整合、资本市场运作等方式，加快提升核心竞争力。支持企业在境外开展并购和股权投资、创业投资，建立研发中心、实验基地和全球营销及服务体系；依托互联网开展网络协同设计、精准营销、增值服务创新、媒体品牌推广等，建立全球产业链体系，提高国际化经营能力和服务水平。鼓励优势企业加快发展国际总承包、总集成。引导企业融入当地文化，增强社会责任意识，加强投资和经营风险管理，提高企业境外本土化能力。

深化产业国际合作，加快企业走出去。加强顶层设计，制定制造业走出去发展总体战略，建立完善统筹协调机制。积极参与和推动国际产业合作，贯彻落实丝绸之路经济带和 21 世纪海上丝绸之路等重大战略部署，加快推进与周边国家互联互通基础设施建设，深化产业合作。发挥沿边开放优势，在有条件的国家和地区建设一批境外制造业合作园区。坚持政府推动、企业主导，创新商业模式，鼓励高端装备、先进技术、优势产能向境外转移。加强政策引导，推动产业合作由加工制造环节为主向合作研发、联合设计、市场营销、品牌培育等高端环节延伸，提高国际合作水平。创新加工贸易模式，延长加工贸易国内增值链条，推动加工贸易转型升级。——《中国制造2025》

创新一般分为三种方式，即：原始创新、集成创新和引进消化吸收再创新。提高制造业国际化水平将极大地促进我国制造业"引进消化吸收再创新"。

同时，就市场和资源配置而言，制造业的国际化发展包括"走出去国际化"与"请进来国际化"。提高制造业国际化发展水平，也应该统筹利用国内国外两种资源、国内国外两个市场，实行更加积极的制造业开放战略，将"引进来"与"走出去"更好地结合，拓展新的开放领域和空间，提升国际合作的水平和层次。

为此，《中国制造2025》将"提高制造业国际化发展水平"（见图2－6）列为第九项任务，将对提升制造业国际化发展水平发挥重大作用。例如，跨国公司能够通过全球资源利用、业务流程再造、产业链整合、资本市场运作等方式，加快提升核心竞争力。同时，企业还可以方便地在境外开展并购和股权投资、创业投资，建立研发中心、生产实验基地和全球营销及服务体系。此外，企业还可以利用互联网技术开展网络协同设计、精准

图 2－6　提高制造业国际化发展水平

营销、增值服务创新、媒体品牌推广，建立全球产业链体系，从而提高国际化经营能力和服务水平。

| 第 4 节 |
人人制造带动"大众创业万众创新"

人们的需求正在细化，大公司的批量生产模式已经不再符合时代潮流。未来需要的更多的是个性化产品，这类产品市场需求量小，大公司顾及成本而不愿生产。因此，强劲的需求必将催生制造业的新形态，一个人人都能成为制造商、人人都能够进行硬件生产制造的时代即将到来。利用已有的工厂和网络进行自主创业的个人企业家已经开始出现。只要想得到，产品就会出现在市场上。

2015 年 6 月 16 日，国务院发布《关于大力推进大众创业万众创新若干政策措施的意见》，明确提出"推进大众创业、万众创新，是发展的动力之源，也是富民之道、公平之计、强国之策，对于推动经济结构调整、打造发展新引擎、增强发展新动力、走创新驱动发展道路具有重要意义，是稳增长、扩就业、激发亿万群众智慧和创造力，促进社会纵向流动、公平正义的重大举措"。

自此，传统上，一直以来的政府主导式创新，将过渡到大众创新，也必将扩大创新的规模，如图2-7所示。

图 2-7 我国新的创新模式构成

而在新一轮工业革命背景下，人人制造成为可能，保障了大众创业、万众创新的"落地"。人人制造时代，开发成本大幅下降，独自一人也可以开发各种产品。过去，开发产品先要制作模型，花钱多不说，还要花费时间等待。随着 3D 打印机的出现，情况发生了转变。3D 打印机的操作方法非常简单。只要输入 CAD 数据，立体模型很快就能做好。提供 3D 打印服务的企业已经很多，这些服务最低只要几百元，最快下单次日就可以送来模型。

设计之后，就是生产。这方面的门槛也越来越低。比如近年来兴起的电子行业的 EMS（电子产品代工服务），不用投资建厂，不用购买生产设备，不用雇用工人，只要委托 EMS 代工方即可进行生产，且不用承担任何风险，如图 2-8 所示。

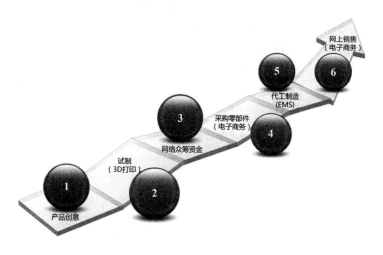

图 2-8　人人制造的实现流程

如果是小批量生产，可以去找"创客空间"。随着机床价格的下降，过去只有工厂才有的昂贵生产设备也逐渐普及到了城镇作坊。"创客空间"就是这样的加工作坊。"创客空间"在20世纪90年代发源于德国，现在全世界已经有约1100家。在"创客空间"，大家可以相互学习对方的强项，进行生产制造。从电子产品到美味菜肴，涉及范围极广。

随着技术的发展，随着《中国制造2025》的推进，相信到了2025年，人人都能在家中开一个生产制造作坊，"人人制造"时代或许会真的成为现实。

第6章

从粗放过剩仿制到绿色质量品牌

可以说，目前我国制造业依然没有摆脱高投入、高消耗、高排放的粗放式发展模式。解决发展与资源环境的矛盾，唯一的出路就是抓好工业质量品牌工作与工业节能减排，实现绿色制造、绿色发展。而且，加快推进传统制造业转型升级，提高生产效率，也需要建立一个高效、清洁、低碳、循环的绿色制造体系，如图 2 - 9所示。

众所周知，制造业是耗能大户，是造成污染的主要源头之一。但是，一直以来，我国的环境保护工作主要依赖行政手段。

指导思想

全面贯彻党的十八大和十八届二中、三中、四中全会精神，坚持走中国特色新型工业化道路，以促进制造业创新发展为主题，**以提质增效为中心**，以加快新一代信息技术与制造业深度融合为主线，以推进智能制造为主攻方向，以满足经济社会发展和国防建设对重大技术装备的需求为目标，强化工业基础能力，提高综合集成水平，完善多层次多类型人才培养体系，促进产业转型升级，培育有中国特色的制造文化，实现制造业由大变强的历史跨越。

——《中国制造2025》

图 2 - 9　以提质增效为中心

　　而《中国制造2025》则换了一个角度，以提质增效为中心，从源头开始根治工业污染问题。那就是：加强质量品牌建设、全面推行绿色制造、深入调整产业结构。这也是制造业可持续发展的必然选择。

| 第 1 节 |

任务：加强质量品牌建设

原文引用
提升质量控制技术，完善质量管理机制，夯实质量发展基础，优化质量发展环境，努力实现制造业质量大幅提升。

鼓励企业追求卓越品质，形成具有自主知识产权的名牌产品，不断提升企业品牌价值和中国制造整体形象。

推广先进质量管理技术和方法。建设重点产品标准符合性认定平台，推动重点产品技术、安全标准全面达到国际先进水平。开展质量标杆和领先企业示范活动，普及卓越绩效、六西格玛、精益生产、质量诊断、质量持续改进等先进生产管理模式和方法。支持企业提高质量在线监测、在线控制和产品全生命周期质量追溯能力。组织开展重点行业工艺优化行动，提升关键工艺过程控制水平。开展质量管理小组、现场改进等群众性质量管理活动示范推广。加强中小企业质量管理，开展质量安全培训、诊断和辅导活动。

加快提升产品质量。实施工业产品质量提升行动计划，针对汽车、高档数控机床、轨道交通装备、大型成套技术装备、工程机械、特种设备、关键原材料、基础零部件、电子元器件等重点行业，组织攻克一批长期困扰产品质量提升的关键共性质量技术，加强可靠性设计、试验与验证技术开发应用，推广采用先进成型和加工方法、在线检测装置、智能化生产和物流系统及检测设备等，使重点实物产品的性能稳定性、质量可靠性、环境适应性、使用寿命等指标达到国际同类产品先进水平。在食品、药品、婴童用品、家电等领域实施覆盖产品全生命周期的质量管理、质量自我声明和质量追溯制度，保障重点消费品质量安全。大力提高国防装备质量可靠性，增强国防装备实战能力。

完善质量监管体系。健全产品质量标准体系、政策规划体系和质量管理法律法规。加强关系民生和安全等重点领域的行业准入与市场退出管理。建立消费品生产经营企业产品事故强制报告制度，健全质量信用信息收集和发布制度，强化企业质量主体责任。将质量违法违规记录作为企业诚信评级的重要内容，建立质量黑名单制度，加大对质量违法和假冒品牌行为的打击和惩处力度。建立区域和行业质量安全预警制度，防范化解产品质量安全风险。严格实施产品"三包"、产品召回等制度。强化监管检查和责任追究，切实保护消费者权益。

夯实质量发展基础。制定和实施与国际先进水平接轨的制造业质量、安全、卫生、环保及节能标准。加强计量科技基础及前沿技术研究，建立一批制造业发展急需的高准确度、高稳定性计量基标准，提升与制造业相关的国家量传溯源能力。加强国家产业计量测试中心建设，构建国家计量科技创新体系。完善检验检测技术保障体系，建设一批高水平的工业产品质量控制和技术评价实验室、产品质量监督检验中心，鼓励建立专业检测技术联盟。完善认证认可管理模式，提高强制性产品认证的有效性，推动自愿性产品认证健康发展，提升管理体系认证水平，稳步推进国际互认。支持行业组织发布自律规范或公约，开展质量信誉承诺活动。

推进制造业品牌建设。引导企业制定品牌管理体系，围绕研发创新、生产制造、质量管理和营销服务全过程，提升内在素质，夯实品牌发展基础。扶持一批品牌培育和运营专业服务机构，开展品牌管理咨询、市场推广等服务。健全集体商标、证明商标注册管理制度。打造一批特色鲜明、竞争力强、市场信誉好的产业集群区域品牌。建设品牌文化，引导企业增强以质量和信誉为核心的品牌意识，树立品牌消费理念，提升品牌附加值和软实力。加速我国品牌价值评价国际化进程，充分发挥各类媒体作用，加大中国品牌宣传推广力度，树立中国制造品牌良好形象。——《中国制造2025》

图2-10　加强质量品牌建设

质量是制造强国的生命线。"加强质量品牌建设"

是《中国制造2025》的九大任务之一（见图2-10），
"质量为先"也在《中国制造2025》五项方针之列，进
一步明确了我国经济转型从追求速度和规模开始重点转
向以提质增效为中心的总体思路。

"质量为先"就是要加强工业质量品牌建设，增强
企业质量品牌意识，引导企业走"以质取胜"的发展道
路，同时，扎实做好构建品牌培育管理体系、打造区域
品牌、建立品牌文化、树立品牌消费理念、开展品牌价
值评价、推进品牌国际化进程、加大品牌宣传推广等各
项工作，使质量品牌建设落到实处。

如果没有质量和品牌，不要说中国实现工业强国的
目标不能实现，就连制造大国的地位，由于一些国家的
追赶，都可能会动摇。我国许多行业在产品设计、制造
方面，存在质量和可靠性方面的问题。想要改变低水平、
低附加值的制造业现状，必须从质量入手。提质、增效、
转型是中国制造业追求的目标，而高度重视如何提高产
品附加值、提高产品的质量和可靠性，则是支撑我国制
造业持续稳定发展的基石。

| 第 2 节 |

任务：全面推行绿色制造

原文引用

　　加大先进节能环保技术、工艺和装备的研发力度，加快制造业绿色改造升级；积极推行低碳化、循环化和集约化，提高制造业资源利用效率；强化产品全生命周期绿色管理，努力构建高效、清洁、低碳、循环的绿色制造体系。

　　加快制造业绿色改造升级。全面推进钢铁、有色、化工、建材、轻工、印染等传统制造业绿色改造，大力研发推广余热余压回收、水循环利用、重金属污染减量化、有毒有害原料替代、废渣资源化、脱硫脱硝除尘等绿色工艺技术装备，加快应用清洁高效铸造、锻压、焊接、表面处理、切削等加工工艺，实现绿色生产。加强绿色产品研发应用，推广轻量化、低功耗、易回收等技术工艺，持续提升电机、锅炉、内燃机及电器等终端用能产品能效水平，加快淘汰落后机电产品和技术。积极引领新兴产业高起点绿色发展，大幅降低电子信息产品生产、使用能耗及限用物质含量，建设绿色数据中心和绿色基站，大力促进新材料、新能源、高端装备、生物产业绿色低碳发展。

　　推进资源高效循环利用。支持企业强化技术创新和管理，增强绿色精益制造能力，大幅降低能耗、物耗和水耗水

平。持续提高绿色低碳能源使用比率，开展工业园区和企业分布式绿色智能微电网建设，控制和削减化石能源消费量。全面推行循环生产方式，促进企业、园区、行业间链接共生、原料互供、资源共享。推进资源再生利用产业规范化、规模化发展，强化技术装备支撑，提高大宗工业固体废弃物、废旧金属、废弃电器电子产品等综合利用水平。大力发展再制造产业，实施高端再制造、智能再制造、在役再制造，推进产品认定，促进再制造产业持续健康发展。

积极构建绿色制造体系。支持企业开发绿色产品，推行生态设计，显著提升产品节能环保低碳水平，引导绿色生产和绿色消费。建设绿色工厂，实现厂房集约化、原料无害化、生产洁净化、废物资源化、能源低碳化。发展绿色园区，推进工业园区产业耦合，实现近零排放。打造绿色供应链，加快建立以资源节约、环境友好为导向的采购、生产、营销、回收及物流体系，落实生产者责任延伸制度。壮大绿色企业，支持企业实施绿色战略、绿色标准、绿色管理和绿色生产。强化绿色监管，健全节能环保法规、标准体系，加强节能环保监察，推行企业社会责任报告制度，开展绿色评价。——《中国制造2025》

在工业化进程中，每个国家都不无例外地遭遇过经济发展、资源利用和环境保护之间的失衡，德国亦是如此。20 世纪 60 至 70 年代德国的经济增长称为"经济奇

全面推行绿色制造

加大先进节能环保技术、工艺和装备的研发力度，加快制造业绿色改造升级；积极推行低碳化、循环化和集约化，提高制造业资源利用效率；强化产品全生命周期绿色管理，努力构建高效、清洁、低碳、循环的绿色制造体系。

加快制造业绿色改造升级

推进资源高效循环利用

积极构建绿色制造体系

图 2-11　全面推行绿色制造

迹"，德国走出战争的废墟，跻身世界经济强国之列，但同时也破坏了自然环境，以煤炭和钢铁为中心产业的鲁尔区污浊的空气令民众呼吸困难，雾霾也成为那时的普遍现象。因此，自 70 年代以来，节能减排成为德国发展工业经济的一项基本国策。

资料显示，自 1994 年起，德国政府把科技政策的支持重点集中在发展环境保护技术和能源技术上，并且出台了很多新的能源和环境政策，旨在促进经济发展和环境保护的谐调一致。20 世纪 90 年代以来，德国的能源消耗在经济增长的同时不断下降，逐步解决了工业化过程中的污染问题，环境质量得到明显改善，实现了经济发展模式的转变。尽管如此，根据德国能源署的数据显示，2010 年工业能耗占德国总能耗的比率仍然高达 16%。

德国是欧洲国家中节能减排法律框架和促进低碳经济政策最为完善的国家之一。近年来，德国政府极其重视节能减排和低碳发展，在超额完成《京都议定书》规定的温室气体减排量的基础上，还提出了高于《京都议定书》和欧盟要求的减排目标。但是，尽管如此，作为制造业大国，德国仍是欧盟工业国中遥遥领先的耗能大国，煤炭消耗量位列全球第四，石油天然气消耗量排名全球第六。所以，德国政府，尤其是工业部门一直以来积极致力于解决环境与能源等全球性问题，德国"工业 4.0"战略充分体现了德国政府对环境与能源问题的重视。

我国是世界第一制造业大国，但是制造业能源消耗大，污染严重。数据显示，2012 年工业产值占国内生产总值的 40% 左右，是能源消耗及温室气体排放的主要领域，工业能耗占全社会总能耗的 70% 以上，单位 GDP 能耗远高于国际先进水平，单位产值污染也远远高出发达国家。

单位 GDP 能耗，又叫万元 GDP 能耗，是每产生万元 GDP 所消耗掉的能源，一般用来反映一个国家经济活动对能源的依赖程度，反映经济结构和能源利用效率的变化。2009 年我国单位 GDP 能耗是德国和日本水平的 5 倍多，是美国的 3 倍多（见图 2 - 12）；2010 年我国单位 GDP 能耗仍然是世界平均水平的 2.2 倍，且主要矿产资源对外依存度逐年提高，石油、铁矿石等对外依存度均已超过 50%。

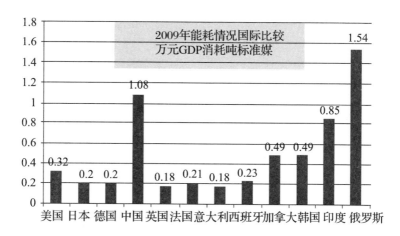

图 2 - 12　2009 年我国单位国内生产总值能耗

资料来源：国家统计局，2009。

德国"工业4.0"的愿景之一是绿色制造，通过新一代信息技术与制造业的融合，解决能源消耗等社会问题。

为此，德国制造业从设计前端开始就保证了产品的质量和对顾客的要求的符合，在生产过程中提高能源使用效率，降低各种生产成本，把技术革新放在重要的位置。德国产品的质量很高，以产品的全寿命周期来计算，能耗和碳排放水平都很低，这就保证了德国制造业强有力的竞争力。德国制造业的生产力处于世界领先水平，在制造业领域，德国始终重视思维创新、技术创新、质量保障、服务顾客等重要因素，单位产品的能源消耗和碳排放也处于世界最低水平。

| 第3节 |

工程：绿色制造工程

原文引用

组织实施传统制造业能效提升、清洁生产、节水治污、循环利用等专项技术改造。开展重大节能环保、资源综合利用、再制造、低碳技术产业化示范。实施重点区域、流域、行业清洁生产水平提升计划，扎实推进大气、水、土壤污染源头防治专项。制定绿色产品、绿色工厂、绿色园区、绿色企业标准体系，开展绿色评价。

到 2020 年，建成千家绿色示范工厂和百家绿色示范园区，部分重化工行业能源资源消耗出现拐点，重点行业主要污染物排放强度下降 20%。到 2025 年，制造业绿色发展和主要产品单耗达到世界先进水平，绿色制造体系基本建立。——《中国制造 2025》

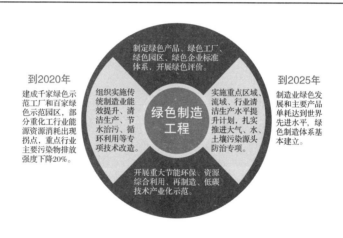

图 2-13　绿色制造工程

以日本为例，日本政府信息化建设的侧重点主要分为"信息系统开发""网络基础设施"以及"高端技术研发"三项。在 2011 年度的预算中，日本政府首次在这传统的三大领域基础上又新加了两大领域，即"社会系统"与"绿色ICT"（信息通信技术），并且为"绿色ICT"领域制订的预算占到了信息化建设全部预算的7%，其规模不可忽视。所谓的"绿色ICT"是指ICT本身具有节能特征，即被称为"Green Of ICT"的领域。与之相反，通过ICT技术实现节能被称为"Green By ICT"。

当然，绿色制造工程不仅仅包括生产制造过程的节能减排，还包括生产出绿色节能的产品。

自20世纪90年代以来，绿色消费成为了一种全球性的现代消费浪潮。所谓"绿色消费浪潮"是指以保护环境和回归自然为主要特征的一种绿色消费观念营销活动。其主要内容是：提倡绿色消费观念、营造绿色消费的群体意识，创造绿色消费的宏观环境，培育绿色文化，进行以绿色产品为主要标志的市场开拓。"绿色消费浪潮"适应了人们保护和改善生态环境、实现全球经济可持续发展的要求，得到了各国消费者的认同，已经为"绿色制造"奠定了生态基础。

在新一轮工业革命的历史机遇中转型升级，成为当之无愧的"制造强国"是我国建国百年的宏大目标之一。可以说，《中国制造 2025》提出把绿色制造作为五项重点工程之一，是制造业可持续发展的必然选择。同时也说明，中国制造业还有很长的路要走，需要我们一起去努力。

| 第 4 节 |

任务：深入推进制造业结构调整

| 原文引用 |

推动传统产业向中高端迈进，逐步化解过剩产能，促进大企业与中小企业协调发展，进一步优化制造业布局。

持续推进企业技术改造。明确支持战略性重大项目和高端装备实施技术改造的政策方向，稳定中央技术改造引导资金规模，通过贴息等方式，建立支持企业技术改造的长效机制。推动技术改造相关立法，强化激励约束机制，完善促进企业技术改造的政策体系。支持重点行业、高端产品、关键环节进行技术改造，引导企业采用先进适用技术，优化产品结构，全面提升设计、制造、工艺、管理水平，促进钢铁、石化、工程机械、轻工、纺织等产业向价值链高端发展。研究制定重点产业技术改造投资指南和重点项目导向计划，吸引社会资金参与，优化工业投资结构。围绕两化融合、节能降耗、质量提升、安全生产等传统领域改造，推广应用新技术、新工艺、新装备、新材料，提高企业生产技术水平和效益。

稳步化解产能过剩矛盾。加强和改善宏观调控，按照"消化一批、转移一批、整合一批、淘汰一批"的原则，分业分类施策，有效化解产能过剩矛盾。加强行业规范和准入管理，推动企业提升技术装备水平，优化存量产能。加强对产能严重过剩行业的动态监测分析，建立完善预警机制，引导企业主动退出过剩行业。切实发挥市场机制作用，综合运用法律、经济、技术及必要的行政手段，加快淘汰落后产能。

促进大中小企业协调发展。强化企业市场主体地位，支持企业间战略合作和跨行业、跨区域兼并重组，提高规模化、集约化经营水平，培育一批核心竞争力强的企业集团。激发中小企业创业创新活力，发展一批主营业务突出、竞争力强、成长性好、专注于细分市场的专业化"小巨人"企业。发挥中外中小企业合作园区示范作用，利用双边、多边中小企业合作机制，支持中小企业走出去和引进来。引导大企业与中小企业通过专业分工、服务外包、订单生产等多种方式，建立协同创新、合作共赢的协作关系。推动建设一批高水平的中小企业集群。

优化制造业发展布局。落实国家区域发展总体战略和主体功能区规划，综合考虑资源能源、环境容量、市场空间等因素，制定和实施重点行业布局规划，调整优化重大生产力布局。完善产业转移指导目录，建设国家产业转移信

图2-14 深入推进制造业结构调整

不得不承认，在我国制造业的发展历程中，也出现了许多严重的重复建设，以资源浪费、能源高耗、环境污染为代价，求得了一时的经济增长，却也换来了产业落后、结构失调、库存积压和不良资产，这些都是制约我国制造业结构调整和发展方式转变的突出问题。

从生产角度来看，不仅表现为低水平下的结构性、地区性生产过剩，还表现为企业生产的高消耗、高成本；从技术角度来看，在基础原材料、重大装备制造和关键核心技术等方面，我国与世界先进水平还存在较大差距。许多重要产业对外技术依存度高，自主开发能力弱，许多核心技术受制于人，在激烈的国际竞争中显得不太适应。

（1）产能过剩问题。据资料显示，截至2009年年底，我国一些重要工业产品在世界市场上所占的份额达到30%～50%，但中国经济总量占世界GDP总和的比例只有6%，产能过剩与需求不足间的矛盾已经十分严重。2009年，我国钢铁产量中约有3000万吨库存积压，但钢铁行业在建项目投资额却高达3400亿元；同期，有色金属行业固定资产投资比上年增长16.5%，电解铝产能已由2008年的1800万吨扩张到2000万吨，在建项目产能还有200多万吨；水泥产能高达19.6亿吨，而在建水泥生产线超过400条。在产能利用方面，2009年我国电石产能利用率只有68%，焦炭产能闲置近亿吨，甲醇产能闲置过半，而在建的电石、焦炭和甲醇项目产能却分别还有约 700 万吨、3000 万吨和 860 万吨。此外，部分无机盐、无机碱、化肥、农药等也存在不同程度的产能过剩问题。

（2）"大"而不"强"问题。"工业 3.0"时代，企业以大规模生产、批量化销售为特征，通过规模化生产，提供标准化产品，获取行业平均利润，各企业按其在研发与设计、生产与制造、营销与服务等产业分工各环节所处位置分享价值。处于"微笑曲线"两端的研发与设计、营销与服务是利润相对丰厚的区域，盈利模式通常具有较好的持续性；而处于"微笑曲线"中间区域即生产与制造环节的企业只能无奈地维系相对较低的利润，而且由于技术含量不高，进入门槛也相对较低，致使竞争更为激烈，可替代性强，从而又进一步挤压了利润空间。我国虽然形成了巨大的制造业产能，但在国际产业分工中，被长期限制在价值链的低端环节，许多行业都集中在委托加工组装领域，处于"微笑曲线"的中间底部，而在研发、设计和销售、服务等高附加值环节没有任何比较优势。

所以说，只有加快制造业产业结构调整，才能提升国际竞争力。这是国际国内普遍的共识。许多国家都意识到，在参与经济全球化过程中，由制造业国际竞争力决定的产业兴衰从根本上决定了一国制造业的发展命运。《中国制造 2025》将"深入推进制造业结构调整"作为九大任务之一，为我国制造业在结构调整中保持较快发展指明了方向。

第7章

从资源驱动到信息驱动

　　资源要素驱动是指主要依靠各种生产要素的投入，如土地、资源、劳动力等，促进经济增长的发展方式。这是一种原始和初级的驱动方式，适用于改革开放初期我国科技创新匮乏的时期。

　　随着环境污染、产能过剩等问题加剧，资源要素驱动的制造业发展模式问题日益显现。相对于信息数据驱动的方式，资源要素驱动没有推动经济发展的可持续性，而且随着新一代信息技术与制造业的深度融合，逐步从资源要素驱动转向创新驱动是大势所趋，如图 2 - 15 所示。

指导思想

全面贯彻党的十八大和十八届二中、三中、四中全会精神，坚持走中国特色新型工业化道路，以促进制造业创新发展为主题，以提质增效为中心，**以加快新一代信息技术与制造业深度融合为主线，以推进智能制造为主攻方向**，以满足经济社会发展和国防建设对重大技术装备的需求为目标，强化工业基础能力，提高综合集成水平，完善多层次多类型人才培养体系，促进产业转型升级，培育有中国特色的制造文化，实现制造业由大变强的历史跨越。

——《中国制造2025》

图 2 - 15　主线和主攻方向

"中国制造 2025"将智能制造作为主攻方向，旨在推进制造过程智能化。一方面，加强工业软件与管理软件的信息化，加快产品全生命周期管理、客户关系管理、供应链管理系统的推广应用，促进集团管控、设计与制造、产供销一体、业务和财务衔接等关键环节集成，实现智能管控；另一方面，推进生产设备或生产线的自动化，建设智能工厂/数字化车间，加快人机智能交互、工业机器人、智能物流管理、增材制造等技术和装备在生产过程中的应用，促进制造工艺实时监测和自适应控制，如图2-16所示。

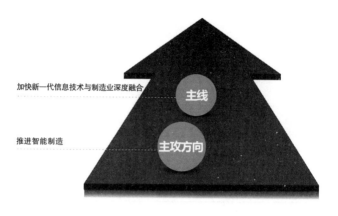

图 2 - 16　一条主线、一个主攻方向

　　未来制造业在信息驱动下，将充分体现智能制造的价值所在，即：能够科学地编排生产工序，提升生产率，实现个性化定制生产，还可以调整资源使用，采用最节约能耗的方式，如图 2 - 17 所示。

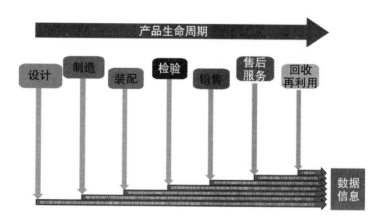

图 2 - 17　数据和信息驱动下的产品生命周期

| 第 1 节 |

任务：推进信息化与工业化深度融合

<table>
<tr><td align="center">原文引用</td></tr>
<tr><td>

加快推动新一代信息技术与制造技术融合发展，把智能制造作为两化深度融合的主攻方向；着力发展智能装备和智能产品，推进生产过程智能化，培育新型生产方式，全面提升企业研发、生产、管理和服务的智能化水平。

研究制定智能制造发展战略。编制智能制造发展规划，明确发展目标、重点任务和重大布局。加快制定智能制造技术标准，建立完善智能制造和两化融合管理标准体系。强化应用牵引，建立智能制造产业联盟，协同推动智能装备和产品研发、系统集成创新与产业化。促进工业互联网、云计算、大数据在企业研发设计、生产制造、经营管理、销售服务等全流程和全产业链的综合集成应用。加强智能制造工业控制系统网络安全保障能力建设，健全综合保障体系。

加快发展智能制造装备和产品。组织研发具有深度感知、智慧决策、自动执行功能的高档数控机床、工业机器人、增材制造装备等智能制造装备以及智能化生产线，突破新型传感器、智能测量仪表、工业控制系统、伺服电机及驱动器和减速器等智能核心装置，推进工程化和产业化。

</td></tr>
</table>

加快机械、航空、船舶、汽车、轻工、纺织、食品、电子等行业生产设备的智能化改造，提高精准制造、敏捷制造能力。统筹布局和推动智能交通工具、智能工程机械、服务机器人、智能家电、智能照明电器、可穿戴设备等产品研发和产业化。

推进制造过程智能化。在重点领域试点建设智能工厂/数字化车间，加快人机智能交互、工业机器人、智能物流管理、增材制造等技术和装备在生产过程中的应用，促进制造工艺的仿真优化、数字化控制、状态信息实时监测和自适应控制。加快产品全生命周期管理、客户关系管理、供应链管理系统的推广应用，促进集团管控、设计与制造、产供销一体、业务和财务衔接等关键环节集成，实现智能管控。加快民用爆炸物品、危险化学品、食品、印染、稀土、农药等重点行业智能检测监管体系建设，提高智能化水平。

深化互联网在制造领域的应用。制定互联网与制造业融合发展的路线图，明确发展方向、目标和路径。发展基于互联网的个性化定制、众包设计、云制造等新型制造模式，推动形成基于消费需求动态感知的研发、制造和产业组织方式。建立优势互补、合作共赢的开放型产业生态体系。加快开展物联网技术研发和应用示范，培育智能监测、远程诊断管理、全产业链追溯等工业互联网新应用。实施工业云及工业大数据创新应用试点，建设一批高质量的工业云服务和工业大数据平台，推动软件与服务、设计与制造资源、关键技术与标准的开放共享。

加强互联网基础设施建设。加强工业互联网基础设施建设规划与布局，建设低时延、高可靠、广覆盖的工业互联网。加快制造业集聚区光纤网、移动通信网和无线局域网的部署和建设，实现信息网络宽带升级，提高企业宽带接入能力。针对信息物理系统网络研发及应用需求，组织开发智能控制系统、工业应用软件、故障诊断软件和相关工具、传感和通信系统协议，实现人、设备与产品的实时联通、精确识别、有效交互与智能控制。——《中国制造2025》

图2-18　推进信息化与工业化深度融合

实际上，德国"工业4.0"战略与我国"两化融合"有许多相通之处。在新的时代背景下，只有将信息化时代的网络化、智能化特征与我国工业化、自动化的进程紧密结合起来，把两化深度融合作为主线，才能为推动工业转型升级注入新的动力。"工业4.0"中"智能工厂"的"智能生产"，其实质就是信息化与工业化的深度融合，主要重点研究智能化生产系统及过程，以及网络化分布式生产的实现。其核心就是在整个工业生产过程中，通过信息物理系统（CPS），利用物联网技术、软件技术和通信技术，加强信息管理和服务，提高生产过程的可控性，从而实现研发、生产、制造工艺及工业控制等全方位的信息覆盖，全面控制各种信息，确保各个生产制造环节都能处于最优状态，从而引导制造业向智能化转型，如图2-19所示。

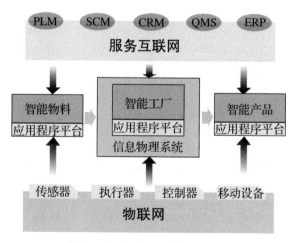

图2-19 智能工厂的三层架构

| 第 2 节 |

工程：智能制造工程

原文引用

　　紧密围绕重点制造领域关键环节，开展新一代信息技术与制造装备融合的集成创新和工程应用。支持政产学研用联合攻关，开发智能产品和自主可控的智能装置并实现产业化。依托优势企业，紧扣关键工序智能化、关键岗位机器人替代、生产过程智能优化控制、供应链优化，建设重点领域智能工厂／数字化车间。在基础条件好、需求迫切的重点地区、行业和企业中，分类实施流程制造、离散制造、智能装备和产品、新业态新模式、智能化管理、智能化服务等试点示范及应用推广。建立智能制造标准体系和信息安全保障系统，搭建智能制造网络系统平台。

　　到 2020 年，制造业重点领域智能化水平显著提升，试点示范项目运营成本降低 30%，产品生产周期缩短 30%，不良品率降低 30%。到 2025 年，制造业重点领域全面实现智能化，试点示范项目运营成本降低 50%，产品生产周期缩短 50%，不良品率降低 50%。——《中国制造 2025》

　　《中国制造 2025》主要侧重于产业与政策，"工业 4.0"主要侧重于技术与模式，所以二者并不太一样。不过，它们也有一大共同点，那就是智能制造（见图 2 - 20）。

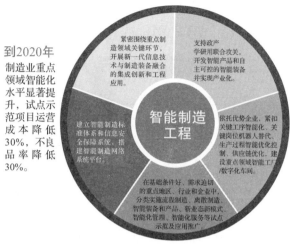

到2020年制造业重点领域智能化水平显著提升，试点示范项目运营成本降低30%，不良品率降低30%。

紧密围绕重点制造领域关键环节，开展新一代信息技术与制造装备融合的集成创新和工程应用。

支持政产学研用联合攻关，开发智能产品和自主可控的智能装备并实现产业化。

到2025年制造业重点领域全面实现智能化，试点示范项目运营成本降低50%，产品生产周期缩短50%，不良品率降低50%。

建立智能制造标准体系和信息安全保障系统，搭建智能制造网络系统平台。

智能制造工程

依托优势企业，紧扣关键工序智能化、关键岗位机器人替代、生产过程智能优化控制、供应链优化，建设重点领域智能工厂/数字化车间。

在基础条件好、需求迫切的重点地区、行业和企业中，分类实施流程制造、离散制造、智能装备和产品、新业态新模式、智能化管理、智能化服务等试点示范及应用推广。

图 2 - 20　智能制造工程

"工业4.0"首先要打造智能工厂，在生产设备中广泛部署传感器，使其成为智能化的生产工具，成为物联网的智能终端，从而实现工厂监测、操控的智能化。在未来的智能工厂中，产品零部件本身附带相应信息，它们会根据自身的生产需求，直接与生产系统和设备沟通，发出所需生产过程的操作指令，直至指挥设备把产品组装生产出来。此外，在生产制造过程中，通过动态配置生产资源，实现柔性生产，从而使制造过程效率更高、资源配置更加合理，产品更具个性化，生产更加智能化。生产设备和管理系统间将实现无缝对接，从而实现智能制造，满足不同用户的个性化定制需求。

《中国制造2025》将智能制造作为主攻方向，这一点与德国"工业4.0"的目标是一致的。

智能制造是《中国制造2025》的第二项重点工程，是应对未来新一轮工业革命的前瞻性工程。智能制造要求数字化车间和智能工厂与价值链上下游企业之间建立连接，实现网络协同或互联生产。这种互联生产或网络协同需要有一个标准体系，也叫参考架构。智能制造工程将对此开展研究，建立示范体系，引领行业和企业的发展。

企业可通过"信息化+自动化"，形成智能化，实现智能工厂，实施智能制造。当然，每个行业、每个企业的信息化、自动化方式方法各不相同。但是，通过信息化与自动化的深度融合，形成智能制造之后，必然会提高效率、降低成本、缩短工期、降低能耗，满足不确定情况下的市场需求。所以，《中国制造2025》的"智能制造"工程明确提出，到2020年，制造业重点领域智能化水平显著提升，试点示范项目运营成本降低 30%，产品生产周期缩短 30%，不良品率降低 30%；到 2025 年，制造业重点领域全面实现智能化，试点示范项目运营成本降低 50%，产品生产周期缩短 50%，不良品率降低 50%。

| 第3节 |

任务：积极发展服务型制造和

生产性服务业

原文引用

加快制造与服务的协同发展，推动商业模式创新和业态创新，促进生产型制造向服务型制造转变。大力发展与制造业紧密相关的生产性服务业，推动服务功能区和服务平台建设。

推动发展服务型制造。研究制定促进服务型制造发展的指导意见，实施服务型制造行动计划。开展试点示范，引导和支持制造业企业延伸服务链条，从主要提供产品制造向提供产品和服务转变。鼓励制造业企业增加服务环节投入，发展个性化定制服务、全生命周期管理、网络精准营销和在线支持服务等。支持有条件的企业由提供设备向提供系统集成总承包服务转变，由提供产品向提供整体解决方案转变。鼓励优势制造业企业"裂变"专业优势，通过业务流程再造，面向行业提供社会化、专业化服务。支持符合条件的制造业企业建立企业财务公司、金融租赁公司等金融机构，推广大型制造设备、生产线等融资租赁服务。

加快生产性服务业发展。大力发展面向制造业的信息技术服务，提高重点行业信息应用系统的方案设计、开发、综合集成能力。鼓励互联网等企业发展移动电子商务、在线定制、线上到线下等创新模式，积极发展对产品、市场的动态监控和预测预警等业务，实现与制造业企业的无缝对接，创新业务协作流程和价值创造模式。加快发展研发设计、技术转移、创业孵化、知识产权、科技咨询等科技服务业，发展壮大第三方物流、节能环保、检验检测认证、电子商务、服务外包、融资租赁、人力资源服务、售后服务、品牌建设等生产性服务业，提高对制造业转型升级的支撑能力。

强化服务功能区和公共服务平台建设。建设和提升生产性服务业功能区，重点发展研发设计、信息、物流、商务、金融等现代服务业，增强辐射能力。依托制造业集聚区，建设一批生产性服务业公共服务平台。鼓励东部地区企业加快制造业服务化转型，建立生产服务基地。支持中西部地区发展具有特色和竞争力的生产性服务业，加快产业转移承接地服务配套设施和能力建设，实现制造业和服务业协同发展。——《中国制造2025》

从普遍的定义来看，服务型制造是指，企业为了实现制造价值链中各利益相关者的价值增值，通过产品和服务的融合、客户全程参与、企业相互提供生产性服务和服务性生产，实现分散化制造资源的整合和各自核心竞争力的高度协同，达到高效创新的一种制造模式。服务型制造是基于制造的服务和面向服务的制造，是基于生产的产品经济和基于消费的服务经济的融合，是制造与服务相融合的新产业形态，是一种新的制造模式，如图 2 - 21 所示。

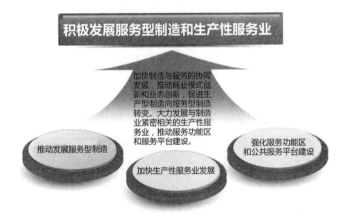

图 2 - 21　积极发展服务型制造和生产性服务业

也就是说，在传统概念中，相互独立的制造业和服务业之间的关系正在发生转变。随着互联网技术的不断发展，智能产品层出不穷，现代制造业已经不再是传统的硬件产品制造，现代服务业也已经不再是传统的服务业。制造业和服务业间正在越来越频繁地互动。产品的生产会融入越来越多的服务，制造业已开始向服务化转变。

同时，许多制造企业开始由"以生产为中心"向"以服务为中心"转型。越来越多的制造企业由关注产品的硬件生产，转向关注产品的整个生命周期，包括市场调查、产品研发、功能扩展以及后续的增值服务，传统意义上的制造业与服务业的边界日益模糊。

与此同时，一些以"服务"为特色的互联网巨头也开始涉足制造业。比如，Google 并购策略近两年发生了方向上的大转变。与以往主要收购从事信息技术企业和服务开发公司不同，近年来，Google 收购了多家机器人公司，其收购策略变化的原因和影响值得深思。收购策略的转变凸显了 Google 进军现实世界的战略意图。Google 希望通过整合网络技术、软硬件技术、机器人技术和人工智能技术，实现信息技术与物理世界的充分融合，进而将业务从网络世界拓展到人们生活的各个领域。

从 Google 收购的机器人公司的产品看，涵盖仿真机器人、工业机器人、特种机器人和开发机器人必要的技术和系统，加上此前 Google X 团队正全力开发的无人驾驶汽车等产品，未来 Google 机器人可适用于交通运输、制造业、物流等人类生产生活的多个领域。

此外，互联网思维渗入到生产制造领域，催生了网络协同设计、个性化定制生产等制造业新模式，将促进制造业企业与消费者实时互动，使得生产出来的产品不再大量趋同，而是更加个性化。工业软件、大数据技术等的广泛应用，不断地推动制造业企业从以传统的以产品制造为核心转向提供丰富的、具有扩展性的产品和服务，直至为顾客提供整体解决方案。也就是说，服务企业、软件企业、互联网企业与制造业企业之间的边界日益模糊。

可以说，互联网与工业的融合推动了新模式、新业态的不断涌现，将催生出多技术、多业态融合的生产性服务业。德国"工业 4.0"战略是为了保持德国制造业的全球领军地位而推进的工业发展战略，希望通过将信息技术、互联网技术有机地应用于生产制造之中，改变生产制造的基本模式，按照灵活性、快速响应、成本效率性及生产短期性的要求，建立一种高度灵活的、个性化的、大规模定制的产品与服务的生产模式。

在这种模式，传统制造业的行业界限将渐渐消失，并将诞生各种新的互动领域和合作形式，产业链分工将被重组，创造新价值的过程正在发生改变……

| 第 4 节 |

协同制造融入 "互联网 +"

一、协同制造模式的起源与发展

实际上，早在 2000 年，国际著名的咨询机构 ARC 就针对生产制造模式新的发展，详细地分析了自动化、制造业以及信息化技术的发展现状，从科技发展趋势对生产制造可能产生影响的角度，做出过全面的调查研究，并提出用工程、生产制造、供应链三个维度描述的数字工厂模型，如图 2 - 22 所示。

其中，生产流程管理、企业业务管理和产品生命周期管理相互结合，形成了"协同制造模式"（Collaborative Manufacturing Model，CMM）。CMM 协同制造模式为制造行业的变革提出了一个理论依据和一套行之有效的方法。CMM 协同制造模式利用信息技术和网络技术，通过将研发流程、企业管理流程与生产流程有机地结合起来，形成一个协同制造流程，从而使得制造管理、产品设计、产品或服务生命周期管理和供应链管理、客户关系管理有机地融合在企业与市场的完整闭环系统之中，使企业的价值链和管理链从单一的制造环节向上下游延伸，形成一个集工程、生产制造、供应链和企业管理于一体的网络协同制造系统。

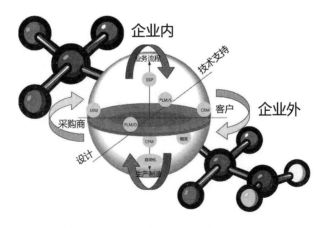

图 2－22　三个维度描述下的数字工厂模型

资料来源：美国 ARC 顾问集团（作者改译）。

"工业 4.0"也在一定程度上借用了 CMM 的理论。"工业 4.0"定义了制造商、供应商与开发商之间的网络协同结构，主要目的是实现市场与研发的协同、研发与生产的协同、管理与通信的协同，从而形成一个完整的制造网络，由多个制造企业或参与者组成，它们相互交换产品和市场信息，共同执行业务流程。

二、互联制造

我们身边的很多产品都开始能够访问互联网了：它们在不断地网络化。智能手机如此，"信息家电"也是如此。随着汽车渐渐步入自动驾驶时代，或许未来汽车也将成为一个网络终端。随着产品不断网络化，产品本身的生产制造也将实现网络化，也就是"互联制造"。

互联制造能够快速响应市场变化，在通过制造企业快速重组、动态协同来快速配置制造资源，提高产品质量的同时，减少产品投放市场所需的时间，增加市场份额。同时，还能够分担基础设施建设费用、设备投资费用等，降低经营风险。

另外，作为潮流所向，工厂将通过互联网，实现内、外服务的网络化，向着互联工厂的方向发展。随之而来的是采集并分析生产车间的各种信息，向消费者进行反馈，从工厂采集的信息作为大数据通过解析，能够开拓更多的、新的商业机会。经由硬件从车间采集的海量数据如何处理，将在很大程度上决定服务、解决方案的价值。

美国因为拥有 Google、Apple、IBM 等 IT 巨头和无数的 IT 企业，所以在大数据应用上较为积极。Google 不断将制造业企业收购至麾下，就是希望掌握互联制造的主导权。同时，作为美国大型制造业企业的一个代表，GE 公司也开始加强数据分析和软件开发，从车间采集数据，进行解析，提供解决方案，开拓新的商业机会。

三、"互联网＋协同制造"

2015 年 7 月 4 日，国务院发布《关于积极推进"互联网＋"行动的指导意见》，其中的"互联网＋协同制造"是重点行动之一，旨在推动互联网与制造业融合，提升制造业数字化、网络化、智能化水平，加强产业链协作，发展基于互联网的协同制造新模式。在重点领域推进智能制造、大规模个性化定制、网络化协同制造和服务型制造，打造一批网络化协同制造公共服务平台，加快形成制造业网络化产业生态体系。

《指导意见》中对"互联网＋"协同制造进行如下描述，如图 2－23 所示。

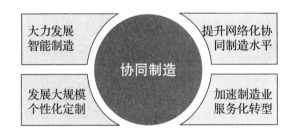

图 2－23　"互联网＋"协同制造

原文引用
1. 大力发展智能制造。以智能工厂为发展方向，开展智能制造试点示范，加快推动云计算、物联网、智能工业机器人、增材制造等技术在生产过程中的应用，推进生产装备智能化升级、工艺流程改造和基础数据共享。着力在工控系统、智能感知元器件、工业云平台、操作系统和工业软件等核心环节取得突破，加强工业大数据的开发与利用，有效支撑制造业智能化转型，构建开放、共享、协作的智能制造产业生态。

2. 发展大规模个性化定制。支持企业利用互联网采集并对接用户个性化需求，推进设计研发、生产制造和供应链管理等关键环节的柔性化改造，开展基于个性化产品的服务模式和商业模式创新。鼓励互联网企业整合市场信息，挖掘细分市场需求与发展趋势，为制造企业开展个性化定制提供决策支撑。

3. 提升网络化协同制造水平。鼓励制造业骨干企业通过互联网与产业链各环节紧密协同，促进生产、质量控制和运营管理系统全面互联，推行众包设计研发和网络化制造等新模式。鼓励有实力的互联网企业构建网络化协同制造公共服务平台，面向细分行业提供云制造服务，促进创新资源、生产能力、市场需求的集聚与对接，提升服务中小微企业能力，加快全社会多元化制造资源的有效协同，提高产业链资源整合能力。

4. 加速制造业服务化转型。鼓励制造企业利用物联网、云计算、大数据等技术，整合产品全生命周期数据，形成面向生产组织全过程的决策服务信息，为产品优化升级提供数据支撑。鼓励企业基于互联网开展故障预警、远程维护、质量诊断、远程过程优化等在线增值服务，拓展产品价值空间，实现从制造向"制造 + 服务"的转型升级。

也就是说，在"互联网 + 协同制造"模式下，制造业企业将不再自上而下地集中控制生产，不再设立单独的设计研发环节、单独的生产制造环节或单独的营销服务环节。而是从接受顾客需求、生成产品订单，全程寻求合作生产，共同采购原材料或零部件、共同进行产品设计、共同生产组装，全部制造环节都通过互联网连接起来并实现实时通信，从而确保最终产品满足大规模个性化定制需求。

这种生产制造的灵活程度代表着制造业未来的发展方向——"智能制造+网络协同"，将使企业面对客户的需求变化时，能迅速、轻松地做出响应，并保证其生产具有竞争力，满足大规模个性化定制需求，企业本身将实现从单纯制造向"制造+服务"的转型升级。

无界限、全民化、信息化、传播速度快是互联网的特征。制造业的各个环节通过应用互联网技术，将数字信息与物理现实之间的联系可视化，将生产工艺与管理流程全面融合，实现"互联网+协同制造"。这样一来，可以一边设计研发、一边采购原材料零部件、一边组织生产制造、一边开展市场营销，从而降低了运营成本、提升了生产效率、缩短了产品生产周期，也减少了能源消耗，如图2-24所示。

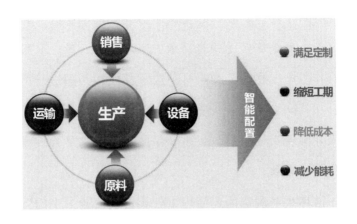

图 2 - 24　"互联网 + 协同制造"的优势

可以说,互联网改变了人类社会,并对社会发展起了很大的推动作用,是如今社会面临的各种变革的最大动力之源。"互联网 + 协同制造"将通过互联网技术手段让制造业价值链上的各个环节紧密联系、高效协作,使得个性化产品能够以批量化的方式生产,实现所谓的"大规模定制"。

第8章

从进口依赖到自主高端

据工业和信息化部数据显示，我国核心技术对外依存度高达 50% 以上，95% 的高档数控系统、80% 的芯片，以及几乎全部高档液压件、密封件和发动机都依靠进口。目前，技术差距主要表现在以下几方面。

1. 基础技术仍然滞后

整体制造水平仍处于以机械化或半自动化生产为主的阶段，各类主要基础件的性能指标大体相当于国外 20 世纪 70—80 年代的水平。

2. 核心技术依赖引进

许多重大技术装备主要依靠进口，更新换代也离不开国外原厂。尤其是，重要、高档、技术附加值相对较高的制造装备，引进依赖性更高，自给率仍然很低。

3. 产品以中低端为主

从产品结构来看，产品技术含量低，缺乏品牌竞争力。多数企业没有自己的专有技术，而是为发达国家企业代工生产。

正因如此，《中国制造2025》的指导思想中明确提出了"以满足经济社会发展和国防建设对重大技术装备的需求为目标"，如图2-25所示。

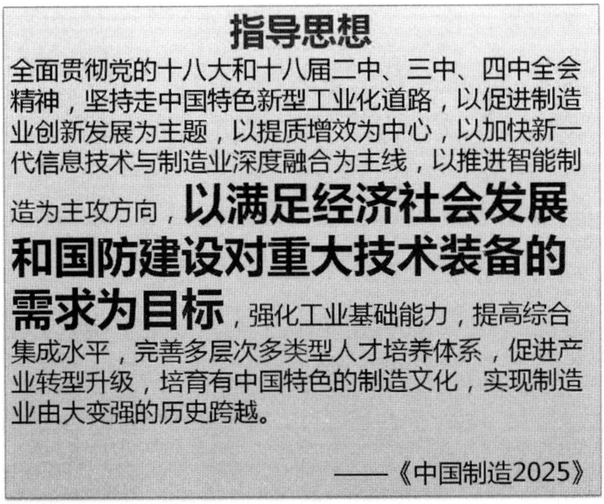

图2-25 以满足经济社会发展和国防建设对重大技术装备的需求为目标

任务：强化工业基础能力

核心基础零部件（元器件）、先进基础工艺、关键基础材料和产业技术基础（以下统称"四基"）等工业基础能力薄弱，是制约我国制造业创新发展和质量提升的症结所在。要坚持问题导向、产需结合、协同创新、重点突破的原则，着力破解制约重点产业发展的瓶颈。

统筹推进"四基"发展。制定工业强基实施方案，明确重点方向、主要目标和实施路径。制定工业"四基"发展指导目录，发布工业强基发展报告，组织实施工业强基工程。统筹军民两方面资源，开展军民两用技术联合攻关，支持军民技术相互有效利用，促进基础领域融合发展。强化基础领域标准、计量体系建设，加快实施对标达标，提升基础产品的质量、可靠性和寿命。建立多部门协调推进机制，引导各类要素向基础领域集聚。

加强"四基"创新能力建设。强化前瞻性基础研究，着力解决影响核心基础零部件（元器件）产品性能和稳定性的关键共性技术。建立基础工艺创新体系，利用现有资源建立关键共性基础工艺研究机构，开展先进成型、加工等关键制造工艺联合攻关；支持企业开展工艺创新，培养工艺专业人才。加大基础专用材料研发力度，提高专用材料自给保障能力和制备技术水平。建立国家工业基础数据库，加强企业试验检测数据和计量数据的采集、管理、应用和积累。加大对"四基"领域技术研发的支持力度，引导产业投资基金和创业投资基金投向"四基"领域重点项目。

推动整机企业和"四基"企业协同发展。注重需求侧激励，产用结合，协同攻关。依托国家科技计划（专项、基金等）和相关工程等，在数控机床、轨道交通装备、航空航天、发电设备等重点领域，引导整机企业和"四基"企业、高校、科研院所产需对接，建立产业联盟，形成协同创新、产用结合、以市场促基础产业发展的新模式，提升重大装备自主可控水平。开展工业强基示范应用，完善首台（套）、首批次政策，支持核心基础零部件（元器件）、先进基础工艺、关键基础材料推广应用。——《中国制造2025》

工业4.0不是一蹴而就的，而是一个渐进式发展的过程。如果说"工业2.0"和"工业3.0"决定了产业竞争力的高度，"工业4.0"则决定了产业竞争力的广度。正是基于这样的认识，工信部苗圩部长曾经指出，中国制造业必须走"工业2.0补课、工业3.0普及和工业4.0

示范"的并联式发展道路。

"工业 2.0"的课要补，工业发展要留下坚实的脚印，打下殷实的基础。所以，基础技术、共性技术和材料、关键零部件仍要放到优先发展的位置。因此，《中国制造 2025》将"强化工业基础能力"（见图 2 - 26）作为未来制造强国发展的一个重要任务，工业强基第一次被提到国家层面而备受关注。

强化工业基础能力

核心基础零部件(元器件)、先进基础工艺、关键基础材料和产业技术基础（以下统称"四基"等工业基础能力薄弱，是制约我国制造业创新发展和质量提升的症结所在。要坚持问题导向、产需结合、协同创新、重点突破的原则，着力破解制约重点产业发展的瓶颈。

统筹推进"四基"发展　加强"四基"创新能力建设　推动整机企业和"四基"企业协同发展

图 2 - 26　强化工业基础能力

工程：工业强基工程

开展示范应用，建立奖励和风险补偿机制，支持核心基础零部件（元器件）、先进基础工艺、关键基础材料的首批次或跨领域应用。组织重点突破，针对重大工程和重点装备的关键技术和产品急需，支持优势企业开展政产学研用联合攻关，突破关键基础材料、核心基础零部件的工程化、产业化瓶颈。强化平台支撑，布局和组建一批"四基"研究中心，创建一批公共服务平台，完善重点产业技术基础体系。

到 2020 年，40% 的核心基础零部件、关键基础材料实现自主保障，受制于人的局面逐步缓解，航天装备、通信装备、发电与输变电设备、工程机械、轨道交通装备、家用电器等产业急需的核心基础零部件（元器件）和关键基础材料的先进制造工艺得到推广应用。到 2025 年，70% 的核心基础零部件、关键基础材料实现自主保障，80 种标志性先进工艺得到推广应用，部分达到国际领先水平，建成较为完善的产业技术基础服务体系，逐步形成整机牵引和基础支撑协调互动的产业创新发展格局。——《中国制造2025》。

经过 60 多年工业化的实践和发展，我国工业虽然已经初具规模，许多工厂内的国产装备都很精良，但是与发达国家装备相比，在原材料、零部件、元器件或工艺方面仍存在着显著的差距。

为此，《中国制造 2025》的第三个工程是工业强基工程（见图 2 - 27），其中所谓的"四基"是指，基础零部件（元器件）、先进基础工艺、关键基础材料和产业技术基础。这"四基"是我国

到2020年

到2020年，40%的核心基础零部件、关键基础材料实现自主保障，受制于人的局面逐步缓解，航天装备、通信装备、发电与输变电设备、工程机械、轨道交通装备、家用电器等产业急需的核心基础零部件（元器件）和关键基础材料的先进制造工艺得到推广应用。

开展示范应用，建立鼓励和风险补偿机制，支持核心基础零部件（元器件）、先进基础工艺、关键基础材料的首批次或跨领域应用。

工业强基工程

强化平台支撑，布局和组建一批"四基"研究中心，创建一批公共服务平台，完善重点产业技术基础体系。

组织重点突破，针对重大工程和重点装备的关键技术和产品急需，支持优势企业开展政产学研用联合攻关，突破关键基础材料、核心基础零部件的工程化、产业化瓶颈。

到2025年

到 2025 年，70%的核心基础零部件、关键基础材料实现自主保障，80 种标志性先进工艺得到推广应用，部分达到国际领先水平，建成较为完善的产业技术基础服务体系，逐渐形成整机牵引和基础支撑协调互动的产业创新发展格局。

图 2 - 27 工业强基工程

目前制造业中最薄弱的环节。如果"四基"没有得到突破，就等于没有建立起相应的工业基础，不得不受制于

人，这将是制约制造业进一步发展的重要因素。

《中国制造 2025》提出要强化工业基础能力，表明国家在关注工业产品科技创新的同时，也注重质量和可靠性。基础材料、基础工艺、基础零部件和技术基础等工业基础能力，直接决定着工业产品的质量和可靠性。日本高品质的电子产品就是日本原材料产业尖端技术实力和精益制造模式的必然结果。

所以，只有"强化工业基础能力"，才能够促进基础技术、共性技术和材料、关键零部件的发展，才能够提高产品质量，提升产品核心竞争力，这也是中国向制造强国转变的必经之路。

| 第 3 节 |
任务：大力推动重点领域突破发展

原文引用
瞄准新一代信息技术、高端装备、新材料、生物医药等战略重点，引导社会各类资源集聚，推动优势和战略产业快速发展。

1. 新一代信息技术产业。

集成电路及专用装备。着力提升集成电路设计水平，不断丰富知识产权（IP）核和设计工具，突破关系国家信息与网络安全及电子整机产业发展的核心通用芯片，提升国产芯片的应用适配能力。掌握高密度封装及三维（3D）微组装技术，提升封装产业和测试的自主发展能力。形成关键制造装备供货能力。

信息通信设备。掌握新型计算、高速互联、先进存储、体系化安全保障等核心技术，全面突破第五代移动通信（5G）技术、核心路由交换技术、超高速大容量智能光传输技术、"未来网络"核心技术和体系架构，积极推动量子计算、神经网络等发展。研发高端服务器、大容量存储、新型路由交换、新型智能终端、新一代基站、网络安全等设备，推动核心信息通信设备体系化发展与规模化应用。

操作系统及工业软件。开发安全领域操作系统等工业基础软件。突破智能设计与仿真及其工具、制造物联与服务、工业大数据处理等高端工业软件核心技术，开发自主可控的高端工业平台软件和重点领域应用软件，建立完善工业软件集成标准与安全测评体系。推进自主工业软件体系化发展和产业化应用。

2. 高档数控机床和机器人。

高档数控机床。开发一批精密、高速、高效、柔性数控机床与基础制造装备及集成制造系统。加快高档数控机床、增材制造等前沿技术和装备的研发。以提升可靠性、精度保持性为重点，开发高档数控系统、伺服电机、轴承、光栅等主要功能部件及关键应用软件，加快实现产业化。加强用户工艺验证能力建设。

机器人。围绕汽车、机械、电子、危险品制造、国防军工、化工、轻工等工业机器人、特种机器人，以及医疗健康、家庭服务、教育娱乐等服务机器人应用需求，积极研发新产品，促进机器人标准化、模块化发展，扩大市场应用。突破机器人本体、减速器、伺服电机、控制器、传感器与驱动器等关键零部件及系统集成设计制造等技术瓶颈。

3. 航空航天装备。

航空装备。加快大型飞机研制，适时启动宽体客机研制，鼓励国际合作研制重型直升机；推进干支线飞机、直升机、无人机和通用飞机产业化。突破高推重比、先进涡桨（轴）发动机及大涵道比涡扇发动机技术，建立发动机自主发展工业体系。开发先进机载设备及系统，形成自主完整的航空产业链。

航天装备。发展新一代运载火箭、重型运载器，提升进入空间能力。加快推进国家民用空间基础设施建设，发展新型卫星等空间平台与有效载荷、空天地宽带互联网系统，形成长期持续稳定的卫星遥感、通信、导航等空间信息服务能力。推动载人航天、月球探测工程，适度发展深空探测。推进航天技术转化与空间技术应用。

4. 海洋工程装备及高技术船舶。

大力发展深海探测、资源开发利用、海上作业保障装备及其关键系统和专用设备。推动深海空间站、大型浮式结构物的开发和工程化。形成海洋工程装备综合试验、检测与鉴定能力，提高海洋开发利用水平。突破豪华邮轮设计建造技术，全面提升液化天然气船等高技术船舶国际竞争力，掌握重点配套设备集成化、智能化、模块化设计制造核心技术。

5. 先进轨道交通装备。

加快新材料、新技术和新工艺的应用，重点突破体系化安全保障、节能环保、数字化智能化网络化技术，研制先进可靠适用的产品和轻量化、模块化、谱系化产品。研发新一代绿色智能、高速重载轨道交通装备系统，围绕系统全寿命周期，向用户提供整体解决方案，建立世界领先的现代轨道交通产业体系。

6. 节能与新能源汽车。

继续支持电动汽车、燃料电池汽车发展，掌握汽车低碳化、信息化、智能化核心技术，提升动力电池、驱动电机、高效内燃机、先进变速器、轻量化材料、智能控制等核心技术的工程化和产业化能力，形成从关键零部件到整车的完整工业体系和创新体系，推动自主品牌节能与新能源汽车同国际先进水平接轨。

7. 电力装备。

推动大型高效超净排放煤电机组产业化和示范应用，进一步提高超大容量水电机组、核电机组、重型燃气轮机制造水平。推进新能源和可再生能源装备、先进储能装置、智能电网用输变电及用户端设备发展。突破大功率电力电子器件、高温超导材料等关键元器件和材料的制造及应用技术，形成产业化能力。

8. 农机装备。

重点发展粮、棉、油、糖等大宗粮食和战略性经济作物育、耕、种、管、收、运、贮等主要生产过程使用的先进农机装备，加快发展大型拖拉机及其复式作业机具、大型高效联合收割机等高端农业装备及关键核心零部件。提高农机装备信息收集、智能决策和精准作业能力，推进形成面向农业生产的信息化整体解决方案。

9. 新材料。

以特种金属功能材料、高性能结构材料、功能性高分子材料、特种无机非金属材料和先进复合材料为发展重点，加快研发先进熔炼、凝固成型、气相沉积、型材加工、高效合成等新材料制备关键技术和装备，加强基础研究和体系建设，突破产业化制备瓶颈。积极发展军民共用特种新材料，加快技术双向转移转化，促进新材料产业军民融合发展。高度关注颠覆性新材料对传统材料的影响，做好超导材料、纳米材料、石墨烯、生物基材料等战略前沿材料提前布局和研制。加快基础材料升级换代。

10. 生物医药及高性能医疗器械。

发展针对重大疾病的化学药、中药、生物技术药物新产品，重点包括新机制和新靶点化学药、抗体药物、抗体偶联药物、全新结构蛋白及多肽药物、新型疫苗、临床优势突出的创新中药及个性化治疗药物。提高医疗器械的创新能力和产业化水平，重点发展影像设备、医用机器人等高性能诊疗设备，全降解血管支架等高值医用耗材，可穿戴、远程诊疗等移动医疗产品。实现生物3D打印、诱导多能干细胞等新技术的突破和应用。——《中国制造2025》

以信息技术和制造业深度融合为重要特征的新一轮工业革命，也必将带动多领域技术的突破和融合，推动制造业生产方式深刻变革。所有领域的制造业数字化、网络化、智能化已成为未来技术变革的重要趋势，制造模式加快向数字化、网络化、智能化转变，柔性制造、互联制造、数据制造、智能制造等将成为世界先进制造业发展的重要方向。

为此，"大力推动重点领域突破发展"（见图2-28）作为《中国制造2025》的第六项任务，旨在顺应世界制造业竞争和技术发展的新趋势，不断提高产业自身的发展层次、质量和效益，助力我国实现工业由大到强的华丽转身。

图 2－28 大力推动重点领域突破发展

新一代信息通信技术产业、高档数控机床和机器人、航空航天装备、海洋工程装备及高技术船舶、轨道交通装备、节能与新能源汽车、电力装备、新材料、生物医药及高性能医疗器械、农机装备是《中国制造 2025》的十大重点领域。这些重点领域也都将朝着设计智能化、产品智能化、管理精细化和信息集成化等方向发展，在未来 10 年里，努力实现打造制造强国的宏伟目标。

| 第 4 节 |

工程：高端装备创新工程

| 原文引用 |

　　组织实施大型飞机、航空发动机及燃气轮机、民用航天、智能绿色列车、节能与新能源汽车、海洋工程装备及高技术船舶、智能电网成套装备、高档数控机床、核电装备、高端诊疗设备等一批创新和产业化专项、重大工程。开发一批标志性、带动性强的重点产品和重大装备，提升自主设计水平和系统集成能力，突破共性关键技术与工程化、产业化瓶颈，组织开展应用试点和示范，提高创新发展能力和国际竞争力，抢占竞争制高点。

　　到 2020 年，上述领域实现自主研制及应用。到 2025 年，自主知识产权高端装备市场占有率大幅提升，核心技术对外依存度明显下降，基础配套能力显著增强，重要领域装备达到国际领先水平。——《中国制造 2025》。

　　传统产业转型升级，要依靠这些高端的新兴产业；优化产业结构，也需要这些领域高端技术和装备的创新发展来引领，如图 2-29 所示。

　　——唯有"强化工业基础能力，提高综合集成水平，完善多层次多类型人才培养体系，促进产业转型升级"才能"培育有中国特色的制造文化，实现制造业由大变强的历史跨越。"

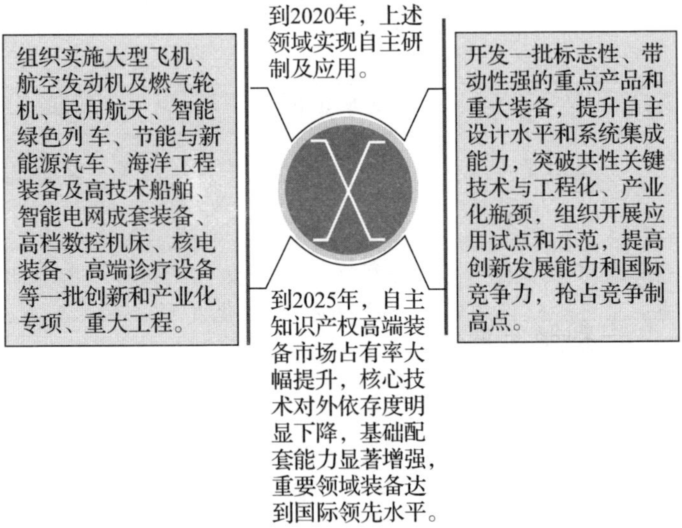

图 2 - 29 高端装备创新工程

后　记

一、告别微笑曲线

"工业4.0"其实与我国工业和信息化部推动的"两化融合"战略大同小异。从某种程度上来说，新一轮工业革命对于中国制造业或许是一个很好的机会，也可能是中国制造业转型升级的一次重要机遇。

"工业4.0"，除了信息化程度高、传播速度快之外，还将实现以制造业上下游合作伙伴间无界限、价值链共享为特征的经济全民化。

（一）以往中国制造的产品附加值较低

制造业是国家经济的命脉。没有强大的制造业，一个国家将无法实现经济快速、健康、稳定的发展，劳动就业问题将日趋突显，人民生活水平难以普遍提高，国家稳定和安全将受到威胁，信息化、现代化将失去坚实基础。以工业发达国家制造业的作用为例，分析目前美国的产业结构，尽管服务业对国民经济贡献的比例很高，但制造业对国民生产总值的直接贡献率始终超过 20%，拉动经济增长率达 40%。日本政府也认为，日本经济的高速增长是以制造业为核心进行的。可以说，制造业对于一个国家的现代化建设具有不可替代的重要地位和作用。

由于缺乏自主品牌和知名品牌，2009 年数据显示，我国 90% 左右的出口商品属于代工生产或者贴牌生产，产品增加值只相当于日本的 4.37%、美国的 4.38%、德国的 5.56%。

2011 年年底，美国学者发布了一份名为《捕捉 Apple 全球供应网络利润》的报告，其中针对 iPhone 手机利润分配的研究显示，2010 年 Apple 公司每卖出一台 iPhone，就独占其中 58.5% 的利润；除去主要原料供应地占的利润分成，其他利润分配依次是：未归类项目占去 4.4%，非中国劳工占去 3.5%，Apple 公司以外的美国从业者获得 2.4%，中国大陆劳工获得 1.8%，欧洲获得 1.8%，日本和中国台湾地区各获得 0.5%。正因为组装过程没有技术含量，尽管付出强劳动力，获得的却是少之又少的微薄利润。

（二）微笑曲线的变化表明机遇的到来

提到中国制造业，不得不提微笑曲线。微笑曲线理论是宏碁集团创办人施振荣于 1992 年提出的著名商业理论，因其较为贴切地诠释了工业化生产模式中产业分工问题而备受业界认可，已经成为诸多企业发展的重要哲学依据。

微笑曲线将一条产业链分为若干个区间，即产品研发、零部件生产、模块化零部件生产、组装、销售、售后服务等，其中组装，也就是生产制造环节总是产业链上的低利润环节，如图 3－1 所示。于是，生产制造环节的厂商总是不断地追求有朝一日能够走向研发设计和品牌营销两端。而在国际产业分工体系中，发达国家的企业往往占据着研发、售后服务等产业链高端位置，发展中国家的厂商则被挤压在低利润区的生产与制造环节。在国际产业分工体系中走向产业链高端位置，向微笑曲线两端延伸，已成为发展中国家的制造厂商们的终级目标。

如图 3－1 所示，在产业链中，处于中间环节的生产与制造附加值最低。从全球产业链的视角来看，尽管"中国制造"铺天盖地，但是，中国制造大多处于"微笑曲线"中间区域的生产与制造环节，投入大量的劳动力，获取少得可怜的利润。

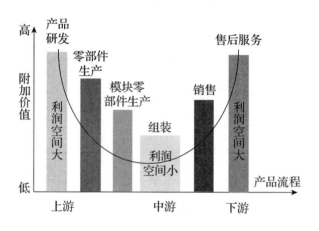

图 3-1　微笑曲线

以往，企业以大规模生产、批量化销售为特征，通过规模生产，提供标准化产品，获取行业平均利润，各企业按其所处研发与设计、生产与制造、营销与服务的产业分工位置分享附加价值。传统的思路认为，想要摆脱制造业的低附加值境地，就必须向"微笑曲线"的研发和服务这两端延伸，通过高新技术实现产业升级，发展制造业周边服务业。从产业层面来看，"研究与设计"

环节意味着发展高新技术产业，"营销与服务"环节则是要求提高制造业周边服务业的比重。但是，这一过程会遇到诸多挑战，难以迅速见效。

但是，在"互联网＋工业"时代，我们不用再纠结于这个难题了。因为，制造业传统意义上的价值创造和分配模式正在发生转变，借助互联网平台，企业、客户及利益相关方纷纷参与到价值创造、价值传递及价值实现等生产制造的各个环节之中。因为"互联网＋工业"不仅仅是"信息共享"，还将广泛开展"物理共享"，从而形成新的价值创造和分享模式，开创全新的共享经济，带动大众创业和万众创新，如图3－2所示。

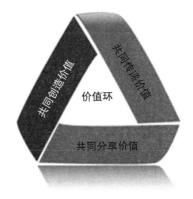

图3－2　新的价值创造和分享经济模式

在未来的工业体系中，将更多地通过互联网技术，以网络协同模式开展工业生产，以开发能够完全适应生产的产品，这种适应性将使企业面对客户的需求变化时，能迅速、轻松地做出响应，并保证其产品具有竞争力，能满足客户的个性化需求。制造业企业将不再自上而下地控制生产，不再从事单独的设计与研发、生产与制造、营销与服务环节。与之对应，制造业企业从接受订单、寻求生产合作、采购原材料、共同进行产品设计、制订生产计划到付诸生产，全程都通过网络连接在一起，彼此相互沟通，而信息会随着原材料传递，指示必要的生产步骤，确保最终产品满足客户的特定需求。这种生产制造的灵活性程度无疑代表着制造业未来的发展方向，也预示着全球制造行业将迎来技术和生产模式的升级。

更重要的是，伴随社会生活的日益多元化，人们的消费意识更具个性化。无论是研发与设计、生产与制造，还是营销与服务都必须以满足消费者需求作为出发点和归宿，消费者的参与彻底颠覆了传统生产的垂直分工体系，微笑曲线的理论基础将不复存在。

在微笑曲线理论的分工模式下，企业通过规模化生产、流程化管理，提供低成本的标准化产品，获取竞争优势。在此过程中企业的规模和实力发挥着决定性作用。而在"互联网＋工业"模式下，企业、客户及各利益相关方通过互联网，广泛、深度地参与到价值创造、价值传递、价值实现等环节之中，客户得到个性化产品、定制化服务，企业则获取了丰厚利润。

Apple 的 iPhone 手机和小米公司的小米手机，都是值得借鉴的成功案例。iPhone 手机的系列产品包装内一如既往地标注着："Designed by Apple in California, Assembled in China"。意即"在美国本土加州西部太平洋沿岸的进行产品研发与设计，在中国实施产品组装"。其实，除了很少一部分之外，iPhone 的大多零部件都不是 Apple 公司生产的，这已经不是一个秘密了。Apple 公司将全球各类优秀零部件供应商的产品进行了组合，生产出了 iPhone、iPad。所以，iPhone 是"中国制造"吗？是"美国制造"吗？显然都不是。

小米公司也并不亲自生产手机，只专注于设计研发和客户服务。与 iPhone 一样，小米手机的生产也是通过网络协同，由类似富士康的其他合作企业来负责完成的。

也就是说，随着"互联网＋工业"的发展，价值链中的各个环节将共同创造价值、共同传递价值、共同分享价值。这样一来，"互联网＋工业"将对制造业"微笑曲线"理论进行颠覆性的重塑。个性化定制把前端的研发设计交给了用户；用户直接向企业下订单，也弱化了后端的销售，从而"拉平"微笑曲线，并重新结合成价值"闭环"。

告别微笑曲线，这是"互联网＋工业"时代的制造业必然的趋势。

二、驱走工业污染的雾霾

环境污染、生态破坏、资源能源日趋匮乏已经成为人类社会共同面临的严峻挑战，解决这些全球性社会问题，实现可持续发展已经成为人类的共识。雾霾的来源，无论是发电、汽车还是钢铁、水泥，都与工业息息相关。"节能减排""绿色低碳""淘汰落后产能"俨然已成为当今社会的热门词汇。为此，许多国家对工业节能减排提出了很高的要求。德国的"工业4.0"，美国的"工业互联网"有一个相同的愿景，那就是工业节能减排与资源综合利用。

《中国制造2025》将引领我国制造业从"两化融合"步入"互联网＋工业"的新时代。我国未来制造业的先进性，不仅仅要体现在先进技术之上，还应体现在能源管理之中。就制造业工厂而言，除了传统硬件的改进之外，更重要的是要建立新型能源管理系统。新型能源管理系统能够科学地把能源管理起来，使工厂在生产制造过程中实现现场管理、能源监控，高效地使用能源。

"互联网＋工业"借助通信网络，使工厂内外的数据、物品与服务相互合作，实现了机器和原材料、机器和机器、机器和产品的"网络协同"，不仅能够大幅提升生产效率，还能够解决能源消耗问题。生产车间利用传感器和互联网技术将能源生产端、传输端、消费端等众多设备连接起来，形成一个可以有效管控的能源系统，从而整合生产资源数据、生产环境数据、外部环境数据、电网数据以及市场数据等，进行统一的数据分析，调整设备负荷、平衡生产调度计划，使能源管理系统成为一个有机的整体。

以往，工厂在生产间歇期间，为了确保生产设备处于随时可运转状态，消耗着大量能源。未来，智能能源管理网络将能够根据工厂的实际作业情况，实时对能源供给进行调整，这样便能够从总体上减少大量的能源消耗。

此外，在制造业生产过程中，往往采用大量的大功率用电设备，由于生产设计能力与实际能力、工艺要求与生产管理水平之间往往存在一定的差异，导致部分设备运行效率低下，存在巨大的节能空间。在工业化和信息化深度融合的今天，完全可以利用"互联网＋工业"帮助工厂实现节能减排。具体而言，可以从收集和分析能耗信息、识别问题、管理运营和改变耗能不良习惯等四个环节，实现对能耗的科学管理，如图3－3所示。

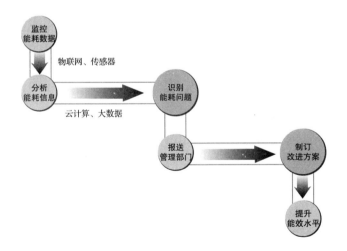

图3－3　利用新一代信息技术实现工业节能减排

（一）收集和分析能源信息

只有密切关注能源的消耗情况，才更有可能实现节能；只有通过对设备自身进行行为监测，才更有可能对其能耗做出调整。利用广泛配置在生产线和生产设备周边的物联网和传感器，智能能源管理系统可以对工厂各个车间的配电系统进行监控和管理，并通过无线网络实时收集各个设备的能耗信息等大量数据。

（二）识别问题

通过能耗的网络可视化管理，工厂管理人员能够方便而清晰地得到所需要的信息。利用大数据的数据挖掘算法，可以对大量的能耗数据进行分析，从而识别能耗问题。

（三）管理运营

通过持续对能耗信息进行收集和分析，识别问题，从而有效地对可用性、负载情况、能源间歇和能源消耗进行实时的测量。工厂应按照排工计划进行生产，并根据需要实时做出调整，确保所有的配电设备都在最高效的状态下运行。

（四）改变耗能不良习惯

通过智能能源管理系统，对工厂的节能减排举措提供建设性的支持，从而改变耗能的不良习惯，实现整个制造过程的零故障、零污染。

可以说，随着"互联网＋工业"的渐趋渐进，智能制造将引领制造业向绿色工业转型——最终减少或杜绝工业环境污染。